重庆市 2023 年高等教育教学改革研究项目（重点项目，编号 232141）"行为导向，任务驱动：《思想道德与法治》PBL 实践教学模式的探索与实践"

重庆市高等教育学会 2023–2024 年度高等教育科学研究课题（项目编号：cqgj23126C）

大学生劳动教育理论教程

王玉娥　主编

重庆出版集团 重庆出版社

图书在版编目（CIP）数据

大学生劳动教育理论教程 / 王玉娥主编 . — 重庆：
重庆出版社 , 2023.7
ISBN 978-7-229-17771-3

Ⅰ . ①大… Ⅱ . ①王… Ⅲ . ①大学生 – 劳动教育 – 高
等学校 – 教材 Ⅳ . ① G40–015

中国国家版本馆 CIP 数据核字 (2023) 第 117461 号

大学生劳动教育理论教程
DAXUESHENG LAODONG JIAOYU LILUN JIAOCHENG
王玉娥 主编

责任编辑：袁婷婷
责任校对：廖应碧
装帧设计：优盛文化

 重庆出版集团
重庆出版社 出版

重庆市南岸区南滨路 162 号 1 幢 邮编：400061 http://www.cqph.com
河北万卷印刷有限公司印刷
重庆出版集团图书发行有限公司发行
E-MAIL: fxchu@cqph.com 邮购电话：023-61520646
全国新华书店经销

开本：787mm×1092mm 1/16 印张：11 字数：220 千
2024 年 3 月第 1 版 2024 年 3 月第 1 次印刷
ISBN 978-7-229-17771-3

定价：68.00 元

如有印装质量问题，请向本集团图书发行有限公司调换：023-61520417

前　言

2020 年 3 月 20 日，中共中央、国务院印发了《关于全面加强新时代大中小学劳动教育的意见》（以下简称《意见》），《意见》对加强和改进大中小学生劳动教育及其课程建设提出了新的系统部署和要求。

有关"劳动"的论述是马克思主义系列学说中的重要组成部分。劳动是人类的存在方式，劳动创造了灿烂的人类文明，给人类带来了巨大的物质财富和精神财富。随着时代的发展，高校的劳动教育也越来越受到重视。大学生的劳动意识成为未来职业化的重要参考标准。现代社会，科技日新月异，生产力急速发展，体力劳动正在逐渐被机器取代。部分青少年甚至出现了忽视体力劳动的错误观念，"中华民族的伟大复兴"不是一句口号，需要全民积极参与才能实现。大学生作为社会主义的接班人、国家未来的建设者，树立正确的劳动观念十分必要。

本书依据劳动者的进步路线，将劳动者划分为一般劳动者、劳动工匠、劳动模范，其所对应的分别是劳模精神、劳动精神、工匠精神，并系统地对三种精神进行了论述，详细介绍了三种精神的具体内涵、伦理关系、践行标准，用以指导大学生了解劳动理论、挖掘劳动价值、树立劳动意识。

本书主要有以下几个特点：一是严格根据中共中央、国务院文件要求确立教材体系，展开编写，重点突出；二是教材内容科学、严谨，既考虑到劳动教育课程的课程性质，又考虑到其作为一门课程，内容重在教育而非对劳动的简单解读，体现了大学课程的学科特点和理论特色；三是教材内容充分体现出理论与实践的结合，突出课程的实践性。希望本教材能对高校劳动教育起到促进和推动作用。

目 录

绪　论

导语：

青春是美好的，是色彩斑斓的、是激情飞扬的，青春因为梦想而伟大。青春的底色是奋斗，奋斗的青春令人向往。处于大学时期的莘莘学子，正值人生的黄金时期，当趁此大好时光，用勤劳的双手，书写自己靓丽的青春。大学生应运用所学知识和技能，在青春这段美好的时光里开出绚丽的劳动之花，让"劳动光荣、劳动崇高、劳动伟大"成为大学生的价值追求和行为导向，用勤劳的双手培育出灿烂的劳动果实。

教学目标：

认知	情感态度	运用
理解劳动的意义和价值目标	教育学生热爱劳动，树立劳动光荣、劳动崇高、劳动伟大的价值观念，尊重他人的劳动成果	培养学生运用正确的劳动价值观指导劳动实践

一、新时代大学生劳动教育的重要意义

劳动在人类的形成过程中起到了决定性作用，劳动是人类生存发展的基本条件。劳动提升人的品格，给人带来物质财富和精神财富。劳动创造了美，给人带来了幸福和快乐。劳动是人类幸福的源泉。劳动是实现中华民族伟大复兴和实现中国梦的必要手段，也是实现"个人梦"的坚实支撑，我们的一切美好和幸福都源于劳动。

（一）一切美好都源于劳动

"劳动"一词，是大家日常生活中常遇到的、朴素的、简约的语言符号。劳动承载着伟大的内容，关乎一个人的生存和发展，人人都离不开劳动。

1.劳动的概念

简单来说，劳动是指人们运用一定的生产工具，作用于劳动对象，创造物质财富、精神财富的有计划、有目的的活动。劳动是人类生存发展的基本条件之一，劳动在人类形成过程中起到了重大作用。猿经过长期的劳动才进化成能够制造并使用工具的"人"。在不同的社会体制下，劳动有不同的意义和价值。社会主义崇尚劳动，尊重劳动者，让劳动者能够运用自己的劳动技能，充分发挥自身的创造力，最大限度地

实现劳动者的个人价值。劳动者通过劳动能给社会提供有价值的社会服务。除此之外，劳动者还可以通过劳动体会到人生价值和幸福。

劳动可以分为体力劳动和脑力劳动。任何一种劳动都不能简单地说是纯粹的、单一的体力或者脑力劳动。任何一种劳动都是体力和脑力的结合。

人类发展的过程，就是劳动发展的过程。中华文明五千年，和华夏儿女辛勤劳动有关。在历史的长河中，不分种族、民族、肤色的一代代人民，通过辛勤劳动创造了人类历史的辉煌。中国长城、埃及金字塔、印度泰姬陵等让世人震惊、骄傲的文明成果，都是劳动者们辛苦劳动的结果。

2. 劳动是财富和幸福的源泉

劳动创造财富，无论是物质财富还是精神财富，都是通过劳动获得的。劳动成就梦想，个人劳动成就个人梦想，全民劳动成就民族梦想。

劳动带来快乐和幸福，是快乐和幸福的源泉。劳动能满足自身、他人和社会的需要。劳动有助于国家的发展，当我们享受通过自己合法劳动而取得的成果时，我们会感到安全和踏实。当我们的劳动成果被他人利用，为他人服务时，我们的劳动成果便实现了社会价值，我们会感到自豪和幸福。

一分耕耘，一分收获；一分付出，一分回报；一分辛劳，一分甘甜。劳动丰富了生命，是快乐和幸福的源泉。

3. 劳动成就未来

劳动让猿变成了人，劳动工具的每次变化，劳动效率的每次提升，都促进了人类的进步，使人类文明向前迈进了一步。劳动成就了人类，创造了人类世界的辉煌成果和今天的多彩生活。当今世界的一切繁华和美好，无一不是出自劳动者之手。一代代劳动者们用他们的勤劳与智慧，逐步创造、积淀、再创造起文明的大厦。今天的成就来源于过往的劳动，美好的未来取决于今天的劳动。

马克思指出，"任何一个民族，如果停止劳动，不用说一年，就是几个星期，也要灭亡。"没有劳动，一个民族基本的衣、食、住、行都会成为严重的问题，最基本的生存条件都难以保障。中华民族是个勤劳并充满智慧的民族，勤劳是中华民族的传统美德，在中华民族的发展过程中一代又一代地传递。

人类社会的一切现象，归根到底都需要受到劳动的制约。五千年的中华文明劳动史，中华民族发展到今天，仍然离不开劳动，劳动依然是社会发展的基础和动力。随着时代的发展，劳动对象发生了巨大的变化，向着精细化、职业化发展，劳动的形式也多种多样，劳动的成果也更加丰富。大学生更应养成良好的劳动习惯，熟练运用知识和技能，在劳动中创造个人价值和收获快乐。

（二）奋斗是时代最强音

1. 青春是用来奋斗的

广大青年生逢其时，重任在肩。青年应该在奋斗中成长发展。青春如果不能和奋斗连接，奋斗就融入不了青春的能量，青春的价值就会大打折扣。奋斗是青春的底色，大学生们只有把握青春的美好时光，将青春和奋斗连接起来，并融入劳动和职业生涯发展中去。在为国家发展、民族复兴和个人生涯奋斗的进程中，追逐青春理想，燃烧青春激情，才能实现青春的价值以及人生的价值。

习近平总书记的成长史，也是一部青春奋斗史。15岁的他来到黄土地，直到22岁离开，七年内，长期与农民们一起劳动，将青春的汗水给了黄土地，将家国情怀融入青春奋斗中。习近平的七年知青岁月满载着他对人民群众的一腔热血。大学生要有所作为，必须不懈奋斗，投身于当代社会实践中，以奋斗的青春，为民族作出个人贡献，让青春的价值最大限度地得以实现。

2. 劳动实现梦想

劳动成就梦想，劳动是推动人类发展、社会进步的根本力量。中华民族的历史，当代中国所取得的瞩目成就，都是勤劳并富有智慧的中国人通过辛勤劳动来创造的，不是凭空而降的，不是"神创"的。万千劳动者兢兢业业，与时代共命运、同呼吸。劳动者们走的每一步，都融汇着其心血和汗水。

如今，我国先进的劳动模范和杰出代表正在不断涌现。虽然他们职业不同，但是他们都以高度的主人翁精神，创造出了不凡的业绩。他们是坚持中国道路的楷模、是人民的榜样和民族的脊梁。劳动成就他们历史的荣光，也必将开创他们的美好未来。在催人奋进的伟大时代，应大力弘扬劳动精神。

大学生要始终树立劳动光荣的理念，崇尚劳动，始终重视劳动素养和劳动技能。让"劳动最光荣"的理念蔚然成风。在新的历史条件下，我们要坚持把"劳动""奋斗""创造"融入中国梦的伟大实践中。

3. 做信念坚定的新时代奋斗者

中华人民共和国的成长史，就是劳动人民的奋斗史。先辈用勤劳和智慧，创造了许多震惊世界的成果：两弹一星、杂交水稻、量子卫星、中国空间站等一系列大国工程让民族自豪，让世界瞩目。每个成就的背后，都有一个"总设计师"，但更多的还是辛勤的百万工作者。正因有了这些劳动者，我国的国际地位才能逐步上升，我国的人民才会生活得更加幸福和安稳。

当今世界，我国正处于百年未有之大变局之中。适逢"两个一百年"的历史交汇期。站在新的起点上，大学生更应该肩负使命、从容自信、开拓进取，不断增强自身劳动本领、强化劳动观念，积极投入社会发展的实践中，自觉做新时代的奋斗者和追梦人。

大学生要从理想信念、道德情操、理论知识、技术技能等方面丰富和充实自身，做爱国爱党、信念坚定的新时代奋斗者。在新时代，大学生要通过不同的方式践行劳动精神，将劳动精神转化为具体的劳动事迹。

要担当时代重任，就需要在学习中不断增强自身本领。新时代对大学生的综合素质提出了更高的要求。在校期间，大学生要更加努力学习，既需要掌握通用知识技能，也需要掌握专业领域的技能素养，不断提高自身劳动素养，怀揣高尚的情操，做全面发展的新时代劳动者。

（三）劳动有利于人的成长发展

中华民族是勤于劳动的民族，也是善于劳动的民族，中华民族不断地劳动和升级劳动工具，使我们拥有了上下五千年的历史文明。劳动是每个现代人都必须具备的基本素质和行为习惯。劳动可树德、增智、强身、育美。

劳动使人崇高。劳动中蕴含着社会生活方式、思维方式和行为方式，劳动体现着民族和个人的价值取向。劳动浸润着劳动者的认知和行为。财富在劳动中积累，技术在劳动中进步，社会在劳动中发展，优良的道德品质在劳动中塑造。

劳动的具体形式多种多样，如自我服务、家庭劳动、校园劳动、生产性实训、生产劳动、社会公益劳动、技术服务、创业活动等。劳动的过程是体力和脑力劳动结合的过程，需要运用既有的理论知识和技术技能克服困难，解决问题，以达成目标。生产的流程和工艺、产品的设计和生产、服务水平的提升等是一个劳动者道德塑造、意志淬炼的过程，是一个启迪、提升智慧，激发身心活力的过程，同时也是一个让劳动者发现美、体验美、创造美、享受美的创新过程。

劳动教育课是融知识性、实践性和教育性为一体的一门课程，它渗透着责任意识、劳动精神、身心和谐、劳动之美、奋斗快乐等内涵，通过劳动达到以劳树德、以劳增智、以劳强体、以劳育美、以劳促创之目的，使大学生在劳动中健康成长和发展。

二、大学生劳动教育的指导思想

（一）马克思关于劳动教育的思想

马克思关于人的全面发展学说是其对于共产主义社会人实现自我发展的重要论述，也是马克思主义劳动教育思想的重要组成部分。马克思提出人的全面发展，是让人的智力和体力得到充分发挥和自由运用。在马克思看来，教育是人类特有的社会现象，且是人类永恒的社会存在方式。教育是在劳动中产生的，教育和劳动的结合也是马克思主义思想教育关注的内容。马克思关注人的智育、体育和技能教育。将三者和有报酬的生产劳动结合起来，是促进人全面发展的方式。

马克思认为，人是优于动物的，人有选择的能力，而且应当选择适合自身能力水平的职业，才能为人类发展奉献自身的劳动价值。不仅如此，马克思认为，如果一个人选择了不能胜任的职业，就很难将其做好。他认为，在条件允许的情况下，人更应该选择一种能使劳动者更有尊严的职业，"那么我们就可以选择一种能使我们最有尊严的职业；选择一种建立在我们深信其正确的思想上的职业；选择一种能给我们提供广阔场所来为人类进行活动、接近共同目标（对于这个目标来说，一切职业只不过是手段）即完美境地的职业"。❶ 马克思坚信，个人的全面发展影响着社会的全面发展，个人对职业的追求是为社会奉献劳动价值。

在《共产党宣言》中，马克思明确提出了无产阶级地位上升后的教育原则：对儿童实施免费教育，让社会教育取代家庭教育；取消童工制；将教育和物质生产结合；在共产主义社会里，每个人都可以得到自由且全面的发展，这是一切人自由与发展的条件。从这些表述中可以看出，马克思十分注重对儿童权利的保护，反对童工制度，强调教育在生产劳动中的作用，同时认为教育是实现人类自由的途径。

马克思主义认为，教育和生产的结合是培养人才的途径，能够强有力地改造社会。现代教育使生产达到了现代科学技术的水平，而现代化的生产技术，也是让现代教育满足科学技术的发展手段和必要前提。为此，使教育同生产相结合有利于二者的共同进步。马克思所讲的"教育与物质生产相结合"，既包括对从事劳动生产的工人予以教育，使劳动者从理论和实践的统一中掌握生产原理和技术，同时也包含对学生展开的教育实践，让学生学习技术知识并且有机会参与物质生产，以便后续劳动者参加劳动活动前能掌握必要的生产和生活的技能。❷

影响生产力的要素诸多，马克思对此作出了解释，主要集中在五个方面：工人的平均熟练程度；科学的发展水平和科学在工艺上的应用程度；生产过程的社会结合；生产资料的规模和效能；自然条件。以上说明，发展劳动生产力和提高劳动效率和工人的熟练程度以及协作程度有关，和管理水平有关，和科学的实际应用程度有关，和生产资料的发展度有关，和政治与自然资源条件有关。以上要素可以概括为两大类：物质技术和劳动力质量。这两者都和教育程度息息相关，教育对劳动生产效率的提升起了十分关键的作用。

---

❶ 马克思，恩格斯 . 马克思恩格斯全集：第 40 卷 [M]. 中共中央马克思恩格斯列宁斯大林著作编译局，译 . 北京：人民出版社，1982：5.

❷ 王焕勋 . 马克思教育思想研究 [M]. 重庆：重庆出版社，1988：130—132.

（二）苏霍姆林斯基的劳动教育思想

苏联建立后，在教育体系改革方面曾走在世界的前列。特别是其七十多年的教育发展经历，为社会主义教育事业提供了丰富的经验。苏联在列宁的指导下，建立起了以平等和民主为原则的教育制度，短时间内提升了大众教育，培养了一大批有能力的干部和有素质的劳动者。苏霍姆林斯基是其中的集大成者，在教育界享有很高的声誉。

苏霍姆林斯基主张尊重孩子，主张个性发展与和谐发展的理念。在劳动教育方面，他有自己独特的见解。他倡导建立在智力基础上的劳动实践，通过激发学生的愿望以发展学生的创新能力。他认为，劳动教育的根本目的就是为共产主义培养接班人，从这方面来讲，苏霍姆林斯基的劳动教育思想与当下我国教育思想有异曲同工之处，值得我们借鉴。

1. 在实践中形成的劳动教育思想和劳动教育体系

教育不是纸上谈兵，不能脱离实践而单独存在。苏联的教育领域早在20世纪就开始关注劳动教育的问题，特别是20世纪中期，围绕学生参加劳动实践活动这一主题涌现了大批著作。这些著作能够深入表现当时的学习教育和生活，但这些著作以总结劳动教育的问题和经验为主，其中没有充分体现出劳动教育的复杂性，也尚未对劳动有体系化的论述。

在苏联的教育著作中，学生的学习也是劳动的一部分，"学习"本身也是以学生为主体的劳动，主要是学生的"脑力劳动"，也包括"体力劳动"。脑力劳动是学生掌握知识和技能的过程，体力劳动能锻炼学生的意志，让学生养成吃苦耐劳的美好品质。同样，"教育"本身也可以从狭义层面理解为学校教师的一种劳动过程。因此，劳动与学习、劳动与教育之间更强调融合。

既然热爱劳动是学生品德高尚的表现，那这种品质是否可以通过教育或者劳动过程进行培养？除学习和劳动外，还有什么方式可以增强学生的道德素养？学校如何进行劳动教育？此类问题围绕着学校的劳动教育，受到苏联专家和学者们的关注。苏霍姆林斯基结合自身的工作实践，为建设苏联的劳动教育体系倾注了大量的心血和精力，形成了内涵丰富的劳动教育思想。

苏霍姆林斯基在担任帕夫雷什中学校长的十多年时间里，与师生共同尝试新的教育模式研究，通过培养学生对劳动的良好态度来改善教育工作，他们研究中的一项主要课题就是致力于使教师和各界共同努力，形成一套以促进劳动的劳动教育体系。有关研究过程，他们重点关注了五个方面：研究学生在校期间道德面貌形成的过程；研究劳动过程对培养学生热爱劳动的道德品质的作用；从加强思想驾驭的角度研究适合的劳动种类；研究适合学生参与的劳动组织形式；研究劳动教育的方式方法。

帕夫雷什中学位于农村，这里的学生大多是农民子弟，且生源稳定。这为其研究打下了坚实的物质基础。在十年左右的时间里，苏霍姆林斯基在同一批学生中尝试构建劳动教育体系。经过实践的检验，他得出"劳动教育是一个十分复杂的体系，受到劳动兴趣、劳动环境、管理纪律和生产教学等多种因素影响，更需要在循序渐进的教育过程中慢慢产生效果"的结论。苏霍姆林斯基对同一批学生自入学到毕业的追踪研究，记录了学生从最初的口算到最后操作拖拉机的成长经历，这个研究有力地证明了劳动教育体系的建立是切实可行的。

2. 劳动对人全面发展的影响

苏霍姆林斯基认为，劳动对促进人的全面发展有重要的作用，劳动教育的目的就是培养社会公民，将公民培养成"真正的人"。在他看来，德、智、体、美、劳是一个完整的系统，劳动教育和其他四个方面是分不开的，且对其他方面有重要的促进作用。

苏霍姆林斯基指出，劳动是道德的源泉。劳动对促进学生良好素养和行为习惯有不可忽视的作用。目前的经济发展逐步向好，社会物质条件正在逐步改善，学生很容易享受到来自社会和家庭的物质福利，从而忽视"每个物质资料都是劳动换来的"。因此，苏霍姆林斯基认为，劳动是培养学生正确看待物质财富的重要途径，只有亲身参与劳动，在劳动过程中克服重重困难，感受付出和回报，学生才能真正感受到和建立劳动创造物质财富的观念。他认为，劳动教育可以培养学生为社会谋福利、对社会做贡献的愿望。他说："一个人在童年、少年和青年时期为社会的无偿劳动中贡献的力量越多，他在内心就会更加深切地珍惜那些好像与他个人没有直接关系的事物。劳动的道德实质还在于一个人把自己的智慧、技艺和对事业的无私的热爱变成劳动的物质成果，他会享受到光荣感、自豪感，为自己的成就而自豪。"❶劳动创造了物质财富，同时也能提升劳动者的精神境界，学生通过劳动，不仅能掌握必要的劳动技能，还能体会劳动的乐趣，从中获取精神上的提升。

在学校进行的劳动教育能够促进教学成果的提升，这一直都是苏霍姆林斯基坚信的观点，也是他坚持教育要和劳动结合的核心理念。他全面研究了动手和智力的相互关系，他认为"心灵手巧"是个辩证统一的过程。苏霍姆林斯基提出，劳动的意义就在于手脑并用，这是驱使孩子进行体力劳动的最大动力。劳动充分融合了体力劳动和脑力劳动，让学生的双手和大脑都得到了实践上的锻炼，使其在动手过程中激发思维和智力的进步。例如，学生在学习动手栽培农作物和饲养家禽的劳动时，可以通过解决其中一类问题的方法来实现某些具有创造性的想法，从而激发独立思考的能力和探

---

❶ 王建亚 . 苏霍姆林斯基劳动教育思想探究 [J]. 上海教育科研，1991（5）:23—26.

究自然对象的兴趣。在此过程中，学生也会接触到生物、物理、地理、科学等学科的知识。综合运用这些知识，能很好地促进学生对该类型知识的理解和掌握。一个爱劳动的人，他的思路是宽广的，目光是敏锐的，思维是开阔的，同时也是富有智慧和创新性的人。他坚信："劳动足以能够使每个人身上燃起求知的火花。"❶

苏霍姆林斯基认为，体力劳动是劳动教育的最初阶段，劳动教育与体育锻炼以及身体机能的发展存在着密切的关系。体力劳动的过程能够锻炼学生的身体素质，这和脑力劳动所起的作用一样重要，而与生产相结合的劳动促使学生努力将头脑与双手的创造性劳动结合起来，对其大脑的控制和身体协调能力的提升都有很大的益处。特别是一项持续性的劳动能够锻炼学生的耐力和意志力。他发现，在整个学期的劳动教育中，从事割草和种树苗的学生，显示出良好的体态和饱满的精神。❷在户外环境下的劳动让学生提高了抵抗能力，提高了身体素质，使其患病率也有所下降，劳动的种类和强度不同，对人的身体作用也不同。由于劳动过程中有体力的消耗，同时也有技巧和技能等多方面的训练，学生进行适当的劳动能够促进体质的改善，增强神经系统的发育，提升肢体的灵活性，还能促进新陈代谢，提升睡眠质量。体力劳动也能够促进学生对生产、生活的认知，在此基础上锻炼学生的劳动技能，强化学生适应生活的技能本领。此外，他还认为，进行户外劳动能够锻炼学生的注意力，有助于学生的情绪稳定。

劳动对于美育教育也有促进作用。一些劳动项目能够极大地促进学生审美能力的发展，如手工、剪纸。学生可以尽情发挥主观能动性，该过程体现出审美差异性的特点。培养学生的审美意识，提高其欣赏美的品位。再比如，修剪植物、整理花园、规划设计和班级布置都是对学生审美素养的一次提升和锻炼。劳动习惯的养成更能成为学生的一种内在美，热爱劳动本身就是一项美学。他认为"美是一种心灵体操"。美育能让人在潜移默化中提升道德素质，审判道德中的美与丑。进一步来说，美育和德育是统一的，美育是德育的进一步升华。内心美和外在美的统一，是道德高尚的表现。在集体劳动过程中，人和人之间相互帮助，形成一种非常友好的关系，这也是美的表现。他提倡学生要将外在美和内在美结合起来，正如坚持劳动也可以塑造完美的体魄，每个人都希望自己是美好的，在他人眼中也是美好的。值得提倡的是，学生从事自己热爱的工作和劳动时会展现出一种生机勃发的精神状态，这种美更打动人心。学生努力完成一项任务时，会看到自己的力量，感受到贡献自己的劳动成果也是一种美。这些都会使学生体会到劳动的意义，以及自身的价值和生活的快乐。

---

❶ 王吉吉.论苏霍姆林斯基劳动教育对个性全面和谐发展教育的作用 [J].黑河学刊，2017（1）:113.

❷ 涂丹霞.苏霍姆林斯基与中国的劳动教育 [J].教师教育论坛，2019，32（8）：80.

（三）黄炎培的劳动思想

黄炎培先生是我国近现代著名的爱国主义学者、民主革命家、政治活动家和教育学家。在教育领域，他深度参与了我国的学制改革，借鉴了西方的教育制度的先进之处，创办了新式学校，极大地推进了中国教育的转型和发展。黄炎培先生最早在国内宣传实用主义办学思想，解决了教育脱离大众和社会生产的问题。他联合蔡元培等人一起创办了中国第一个倡导和推动职业教育的社会团体——中华职业教育社。这是近代中国第一所正规的职业学校。黄炎培先生对职业教育体系的理论和思想贡献是黄炎培劳动教育思想的重要内容。

1. 培养尊重劳动的价值观

中华职业教育社是中国最早从事职业教育的团体。1917 年 5 月，黄炎培先生和其他教育界知名人士联名发表了《中华职业教育社宣言书》，宣告中华职业教育社正式成立。黄炎培在《职业教育论》中对职业教育的内涵进行了精炼总结，"职业教育之旨三：为个人谋生之准备，一也；为个人效劳社会之准备，二也；为世界、为国家增进生产力之准备，三也"[1]。

黄炎培认为，职业教育能实现教育救国，因为国家需要构建高水平的工业环境才能强大起来，这依赖于高素质的职业劳动者。发展职业教育是提升劳动者教育能力的重要手段，能够发挥教育的实用价值，造就一批高素质的劳动者。职业教育支援国家建设是黄炎培的教育理念，也是理想信念。因此，劳动的价值和意义更加非同寻常。《中华职业教育社宣言书》中提到，"各级教育，应于训练上一律进行劳动化，使青年心理上确立尊重职业之基础，且使其获得较正确之人生观"[2]。中华职业学校是黄炎培的教育理念实践基地，所有学生入校前都需要签订誓约书，其中的第一条便是尊重劳动。学生需要参加日常生活中的劳动和学校中的劳动来体会劳动的意义，学会尊重自己和他人的劳动成果。黄炎培认为，尊重职业是职业教育培养学生的首要目标，也是引导学生树立正确的价值观念和职业精神的重要环节。培养和尊重劳动的价值观更关乎每个劳动者的个人素质，首先要尊重劳动，才能尊重职业，从而发挥出最大的劳动价值。劳动教育也促进了学生对职业平等的认同，端正了学生的劳动观念。黄炎培大力推行尊重劳动的价值观在当时具有重大的进步意义，他坚持劳动价值和职业能力对个人价值的重要性的教育观，引起了社会广泛的认同。

---

[1] 肖龙 . 黄炎培大职业教育主义思想的形成、特点与启示 [J]. 职教通讯，2019（3）：11.

[2] 王晴 . 黄炎培劳动教育思想的新时代应用 [J]. 职业教育研究，2019（12）：94.

2. 坚持实用主义指导劳动教育

在黄炎培的职业教育实践过程中，实用主义发挥了重要的指导作用，黄炎培提倡发展重在满足社会需要的职业教育，实用主义是推行这一理念的重要理论基础。黄炎培认为，职业教育要兼顾知识教育和劳动教育，将解决个人问题作为主要目标，并且更重要的是，职业教育能够加强教育的实践效果进而促进经济社会的发展。黄炎培认为，劳动是教育中的重要内容，也是教育实践的主要手段和途径，劳动能将知识和技能、动手和动脑能力结合起来。黄炎培倡导职业教育和劳动教育的结合有三个特点。

一是职业教育的办学和劳动教育的范围面向大众。职业教育的对象应该是社会的全体劳动者，开展职业教育应从劳动者所从事的行业入手，引导劳动者通过劳动为社会服务。

二是强调职业教育和劳动教育的内容需要体现出实用性和立体性。黄炎培主张落地的实用性职业教育。无论是教学内容、学科分类、课程设计，还是考评标准、实习办法等，都倡导实用性，且与生活、生产相联系，以便以实际操作、服务实际应用为目标。他特别强调学生必须积极参加劳动，将实际行动作为掌握技能的首要途径。职业教育和劳动教育的立体性体现在多个方面：首先，劳动需要能调动全身的感官参与协作，强调学生身心上的立体感受。对学生掌握的知识技能起到很好的促进作用。其次，学生在劳动过程中可以获得多种体验，如劳动的辛苦，同样也能收获劳动成果。最后，职业教育和劳动教育可以借助丰富多样的教学材料和实物工具，让教学方式也立体化。

三是主张教育教学充分考虑学生的主体性。黄炎培主张学生的个性发展，主张"因材施教"，呼吁尊重学生的个性化差异和个性化发展。例如，他认为男女学生今后所从事的职业有不同类型的倾向，职业教育和劳动教育的内容不能千篇一律，应当有所侧重。男生适合金属、木工等学科，女生适合烹饪、裁缝等。除此之外，黄炎培在专业设置方面主张学校进行差异化设置，尊重学生的个人意愿，发挥学生长处和创造性。黄炎培提出，毕业生在毕业时，要根据自己性格和天赋才能，与环境的需要进行匹配。只有结合社会现实需要，让劳动者从事与自身条件相互匹配的职业，才能更好地实现劳动者自身的劳动价值。

3. 探索劳动教育的育人价值

黄炎培以巨大的爱国热情投身于教育事业，根据当时的社会需要，提出了自己的教育主张。这种赤诚的爱国主义情怀，对贴近实际的教育理念迅速产生了影响，对培养学生的劳动精神具有重要意义。

在劳动精神这个层面，黄炎培除了强调劳动，还提出帮助学生树立"敬业乐群"

的思想，重视在教学内容中加强学生的职业道德。他在《职业教育析疑》中指出，职业教育不仅是职业技能的训练和传授，还包括职业道德的培育，二者缺一不可。倡导"敬业"和"乐群"的职业道德教育能够帮助学生更好地理解职业，享受集体劳动的过程，从而在劳动中全身心地投入，这样也有助于发挥劳动教育的最大作用。在教育活动中，要培养学生对所从事职业的责任心和兴趣，使其树立正确的义利观。黄炎培也十分重视教师的作用，认为教师的意义非同凡响，对学生的成长影响深远。

从以上学者们的研究成果可以看出，劳动教育是教育体系中不可或缺的一环，在人的发展过程中有着十分重要的作用，尽管诸多学者的研究思想距今已远，但是仍然有着十分重大的现代意义。同时，虽然各学者之间的观念有差异，但是总的教育思想是一致的，大概有以下几点：一是劳动教育对人的影响意义重大，对学生的身心发展有十分重大的影响。二是劳动教育应该重视差异化，首先是人的个性差异化，根据不同人的个性，应该匹配不同类型的劳动；其次是劳动的差异化，根据劳动的类型来检验同一批劳动者的适应情况。三是劳动教育不是独立存在的，而是和知识教育、道德教育、体育教育、法制教育等教育元素相辅相成的。四是现代化的教育理念，必须包括劳动教育这部分内容，在未来的人才竞争中，劳动教育仍然是必不可少的一环。

三、大学生劳动教育的基本原则

人生就像一场永无止境的马拉松，大学里更需要我们砥砺前行。新时代的大学生不仅要尽情汲取知识的养分，培养自己吃苦耐劳的精神，更要塑造自己不畏艰难、敢于拼搏的奋斗精神，把自身培养成为德、智、体、美、劳全面发展的社会主义合格建设者和接班人，中华民族伟大复兴的中国梦定能在当代青年的奋斗中实现，加强对大学生劳动教育应该遵循以下几种原则：

（一）尊重成果的原则

道德品质由个体从小养成，所以个体在经历教育过后所体现的世界观、道德观、行为习惯等都对自身起到决定性的作用。

当今大学生是国家的储备力量，这些人才毕业后分布在社会的各个领域，对整个国家的文明建设起到重要作用。有耕耘才有收获，有劳动才有成果，任何一种劳动都能创造财富，为社会做出贡献。所以，无论什么岗位都应受到应有的尊重，而我们对待他人的劳动成果更应该倍加珍惜。劳动没有高低贵贱之分，工地里的工人、田地里的农民、三尺讲台上的教师都是劳动者。

尊重他人的劳动成果，不仅是一种美德，更是一种境界。这不仅反映了一个人的道德修养，更是评判一个人道德素质高低的重要因素。孟子曰："爱人者，人恒爱之；敬人者，人恒敬之。"作为当代大学生，我们应当以身作则，尊重他人劳动成果，珍惜来之不易的生活，为社会更好发展贡献自身力量。

尊重他人劳动成果有助于提升我们的社会责任感、感恩意识和奉献精神，我们的荣辱意识、是非观念会更加强烈。在和同学相处时应多一些理解、宽容和帮助，我们的相处模式就会变得更加和谐，创造出更融洽的学习生活环境。这种自律就会避免很多不文明、不礼貌的行为发生。

如何才能做到尊重他人的劳动成果？简单来讲，我们要恪守"己所不欲，勿施于人"的准则。自己刚刚打扫过的宿舍卫生，一定也希望舍友保持干净整洁；自己用心准备的一顿午餐，一定希望得到父母朋友的称赞；自己反复思考后给出的建议，一定希望别人能认真听取。换位思考，我们自己想要得到的，也应该尽量给予别人，自己不想做的事情也不要强加在别人的身上，这是尊重别人也是让别人尊重自己的最有效的途径。

（二）吃苦耐劳的原则

经历过高考的紧张后，远离家长的管教、约束，许多自我管理意识本就薄弱的大学生逐渐失去了目标，失去了方向，同时在学习上也逐渐放松下来，开始沉迷娱乐游戏。在进入大学后，同学们眼界变得广阔，接触的新鲜事物也更多，不知不觉中很容易受到不良消费观念的影响，注重攀比、追求名牌，有的为了买高档消费品而欺骗父母，更有甚者不惜接触"校园贷"以致债台高筑。正因如此，大学生一毕业就失业的说法并不新鲜，许多大学生对待就业没有摆出正确的姿态，贪图安逸，眼高手低，心理抗压能力差。

"吃得苦中苦，方为人上人"。吃苦耐劳是每个人成长过程中应当具备以及锻炼的基本品质之一。吃苦耐劳作为一种崇高的精神和可贵的品质，并不是只有在艰苦年代才需要。这里，要消除部分人对吃苦耐劳的误解。所以，当代大学生不仅要提高个人思想品德修养，而且要积极培养吃苦耐劳的精神。建议大学生在校期间应参加一些有意义的实践活动来锻炼个人意志。

吃苦耐劳精神的养成不是一蹴而就的，而是需要一个漫长的过程，在这一过程中需要自己不断地去努力，去克服种种困难。培养自身吃苦耐劳的良好品格，需要立足于每一日的努力，从一点一滴做起，把吃苦耐劳当作奋斗的资本。

时间总在一念之间流逝，转眼大学生活就要结束，这意味着我们将要步入社会，面临生活和工作的压力，吃苦耐劳精神对我们刚步入社会时承受压力的能力有较大的帮助。大学时期是我们心性的磨刀石，利用好，我们就所向披靡，荒度它，我们就狼狈不堪。相信自己，你所锻炼的这些品质，在以后的日子里都会千百倍地返还给你，不论是现在还是将来，都会是影响你一生的巨大动力，都会是你人生路上的秘密武器。

（三）躬身实践的原则

"劳动光荣，懒惰可耻"，然而在大学校园里有一些学生由于生活缺少目标等原因会在生活方面产生懒惰、懈怠的情绪。无论是新闻报道还是在校园内实地走访，都能看到一些同学从紧张的高中生活进入略显轻松的大学生活后，逐渐养成了懒惰的习惯，不再像初入大学时那么严于律己。大学生通过参加正规兼职活动能重拾劳动的好习惯，提高自身综合素质，为今后步入社会积累经验。

通过辛勤劳动获得的收入，不仅能够开源节流、减轻家庭负担，还能培养大学生勤奋、实干的习惯。大学与高中是完全不同的两个学习阶段，如果说高中的学习和提高是靠班主任和家长的督促监督，那么大学的规划和进步更多地要靠自身的自觉程度。许多同学在度过了三年紧张的高中时光后，在大学里更容易为自己找借口去放松，但是许多人容易将偶尔的放松当成常态，久而久之就习惯了懒散，很难再重新投入紧张的学习生活中，这对未来的职业规划是极其不利的。而通过一份兼职工作，不但可以让自己更加了解职场，为自身职业规划提供帮助，也能督促自己合理安排时间，更加积极地投身实践活动，有利于增强大学生的行动力和执行力。唯有勤奋和实干精神，才能让大学时光的学习有实效，让每个人在大学期间不留遗憾。

大学期间的兼职活动，能够让大学生体验不同职业的艰辛。在兼职岗位中，大学生需要体验众多的劳动者角色，这些工作能够让大学生一边劳动一边观察，自觉养成关于职业发展思考的习惯，主动去寻求与部门领导和同事之间的沟通，学会如何在工作中解决实际问题。好的教育往往存在于鲜活的实践中，如果能找到与本专业贴合度高的兼职工作，则对学习大有裨益，可以趁工作之余，将课本内容与实际工作融会贯通。一份兼职带给我们的远不止一份薪水的收入，在大学中我们更加缺乏的是实践经历，缺乏的是如何学以致用，缺乏的是对未来职业岗位的清晰认知，这些往往更需要我们主动去经历、去了解，而一份兼职往往能扮演一座"桥梁"的作用，能够让我们了解四年后可能会面临的环境。

（四）辩证思考的原则

现代大学生们思维能力的差距主要体现在思维方式。思考一个问题不应该只是考虑自身，每一种事物的存在不仅是它的本体，还有它对身边万物的影响，这就需要辩证的思维。

矛盾是学生生活中不可避免的。马克思主义认为，矛盾具有普遍性。学生的成长和生活需要矛盾的存在，并解决矛盾。学生解决矛盾的过程就是成长和发展的过程。在校园生活中，学生的学习是主要矛盾，恋爱等内容是次要矛盾。如果不能很好地处理二者之间的主次顺序，那么学生的学业就可能受到严重的影响，甚至荒废。

语言既可以安慰人，同时也可以伤人。世间万物都具有两面性，而辩证的思维方式要求我们全面地看待问题。一个优秀的大学生必须拥有"同理心"，就是在矛盾中，要站在对方的立场上看待问题、分析问题，让自己深刻了解对方的真实情况。大学生活中，处处有矛盾，我们必须深入分析矛盾的方方面面，寻找哪一方矛盾是主要因素，从而让我们能够实事求是地解决矛盾。在学习中与老师有矛盾时就需要站在老师的立场上看待问题；在宿舍与舍友发生冲突时，就要站在舍友的角度审视自己。只有更多地运用辩证思维处理问题，我们的人际关系才会变得更加和谐。

辩证法是一种认识世界和理解世界的好方法。马克思主义哲学虽然没告诉我们所有事情如何去选择，但是告诉我们要用辩证的思维方式权衡利与弊，以防止利弊失衡。如果你踏上一条道路，而且一路十分安逸，你就应该时刻警醒自己，不能安于现状，要时刻保持警惕。

任何事、任何人都要辩证地去看，这个道理谁都能懂，关键是看谁能用这样的思维方式处理生活中的每件小事，时刻保持冷静、清醒，在逆境中保持积极自信，在顺境中居安思危。正是这些科学的思维方式让我们慢慢变得成熟和优秀。

（五）自我反思的原则

古人云，"吾日三省吾身：为人谋而不忠乎？与朋友交而不信乎？传不习乎？"我们反省自己，是为了对自己有一个客观、公正的评价，而客观、公正的评价是更好地认识自己的开始，是为了让我们做一个更好的自己。在希腊，圣城德尔斐神殿上铭刻着"认识你自己"的著名箴言，这句话经常被哲学家引用，来告诫世人应该反省自己。老子有言："知人者智，自知者明"。先贤圣人指导我们反省自己，对自己有一个客观、公正的评价。

反省自己，首先要敢于正视自己。金无足赤，人无完人，每一个人都会有缺点和瑕疵。而当一个人剖析自己，他不去回避缺陷，那这件事本身已是一种勇气。我们作为新时代的大学生，三省吾身便显得尤为重要，在生活和学习中只有正视自己才能成就自己。水滴石穿靠的不是蛮力，而是不舍昼夜地坚持。水滴知道自己不可能用蛮力来征服石头，于是它选择了用"时间"来征服。认识自己，反省自己，扬长避短，才能在激烈的竞争中获得一席之地，才能成为更好的自己，实现自己的人生价值。

（六）国际关注的原则

既然面向世界，就要胸怀天下，了解国际准则，遵循国际化原则。

中国青年要融入世界交流的格局，必须适应国际的准则，了解国际社会最流行的关注热点，积极参与国际上热点问题的讨论。

青年要有胸怀天下的气魄，青年的世界发声要振聋发聩。面向国际，青年的抉择具有足够的说服力，青年的发声能赢得世界上足够的信任和支持。世界是万丈高楼，国际准则就是走向世界的基础，这对青年大学生参与新时代世界合作十分必要。

世界已经改变，并且还在继续改变，中国在世界上扮演的角色越来越重要，我国的青年大学生也必将成为未来世界舞台上的重要成员。面向未来，中国青年要具有共赢的世界合作精神，建立新世界交往关系，开创相互尊重、与世界共同进步的时代新路，顺应国际合作历史大势，努力建设自己的国家，让当今世界焕发新时代的光彩。

身处互联网的时代，谁的学习方法先进，谁的学习能力就强大，谁掌握的知识就会多于其他人。丰富多彩的故事每天都在上演，互联网的时代，改变社会以往的习惯，每件事情都可能吸引世界的关注。以胸怀天下的气魄发出大学生的时代强音。

在现今和谐的世界社会环境中，中国青年正处在改革开放的新时代，当放眼世界，找到国际规则，用理想追求和实际行动投身于中华民族伟大复兴的重大实践中。

延伸阅读

新华社北京 2020 年 11 月 24 日电　全国劳动模范和先进工作者表彰大会 24 日上午在北京人民大会堂隆重举行。中共中央总书记、国家主席、中央军委主席习近平出席大会并发表重要讲话，代表党中央、国务院，向受到表彰的全国劳动模范和先进工作者表示热烈的祝贺，向为改革开放和社会主义现代化建设作出突出贡献的我国工人阶级和广大劳动群众致以诚挚的问候。

习近平强调，光荣属于劳动者，幸福属于劳动者。社会主义是干出来的，新时代是奋斗出来的。劳动模范是民族的精英、人民的楷模，是共和国的功臣。

王沪宁宣读了《中共中央、国务院关于表彰全国劳动模范和先进工作者的决定》。决定指出，2015 年以来，各行各业涌现出一大批爱岗敬业、锐意创新、勇于担当、无私奉献的先进模范人物，党中央、国务院决定，授予 1689 人全国劳动模范称号，授予 804 人全国先进工作者称号。

习近平强调，要大力弘扬劳模精神、劳动精神、工匠精神。劳模精神、劳动精神、工匠精神是以爱国主义为核心的民族精神和以改革创新为核心的时代精神的生动体现，是鼓舞全党全国各族人民风雨无阻、勇敢前进的强大精神动力。劳动是一切幸福的源泉。新形势下，我国工人阶级和广大劳动群众要继续学先进赶先进，自觉践行社会主义核心价值观，用劳动模范和先进工作者的崇高精神和高尚品格鞭策自己，将辛勤劳动、诚实劳动、创造性劳动作为自觉行为。各级党委和政府要尊重劳模、关爱劳模，完善劳模政策，推动更多劳动模范和先进工作者竞相涌现。全社会要崇尚劳动、见贤思齐，弘扬劳动最光荣、劳动最崇高、劳动最伟大、劳动最美丽的社会风尚。要开展以劳动创造幸福为主题的宣传教育，把劳动教育纳入人才培养全过程，培养一代又一代热爱劳动、勤于劳动、善于劳动的高素质劳动者。

思考题

1.列举身边的普通劳动者通过劳动不仅改变命运，而且助推了中国梦的实现的事例。

2.黄炎培是中国杰出的职业教育学家，请借助互联网媒介，总结黄炎培的劳动教育思想的当代意义。

第一章 劳动教育概述

导语：

《三国志·魏志·华佗传》记载，华佗对徒弟吴普讲授治病养生之道，"人体欲得劳动，但不当使极尔。动摇则谷气得消，血脉流通，病不得生，譬犹户枢不朽是也"。这是我国文献中有关"劳动"最早的记载，这里"劳动"的概念是指身体活动。华佗认为，人的身体需要适量的运动，但不宜过量。运动之于人体就好比转轴之于门窗，经常运动可以促进气血循环，不容易生病。到了现代语境下，劳动的内涵得到了丰富。

教学目标：

认知	情感态度	运用
理解劳动与马克思主义体面劳动的区别，熟知中国劳动演变历程	树立体面劳动、劳动体面的劳动态度	培养主动劳动的意识，积极承担劳动使命，主动学习劳动知识和相关劳动技能

第一节　劳动及劳动教育

一、劳动与体面劳动

现代汉语中的"劳动"，是指人类创作物质财富和精神财富的活动。包含体力劳动和脑力劳动两个层面。马克思主义也认为，劳动是人类最基本的实践活动。劳动的过程是人类借助劳动资料使劳动对象发生变化的过程。随着社会文明的进步，尤其是科学技术的进步，脑力劳动在人类劳动过程中占的比重越来越大。

劳动精神，主要是指劳动者通过劳动过程和劳动成果获得自我满足感、自我认可感、自我成就感，自发投入劳动、热爱劳动；劳动者在劳动实践中精神饱满、勤思善学、积极创新。劳动精神往往通过"劳动模范"的榜样引领作用来具象化，从而进一步宣扬感染。劳动素养是指一名劳动者在劳动方面的个人素养和修养，既包括正确的劳动价值观，也包括良好的劳动作业习惯，具备与劳动过程相匹配的知识和劳动技能，遵守劳动纪律和国家法律，拥有爱岗敬业的劳动态度。

新时代工作和就业环境下，不仅要保证劳动者有充分的劳动机会以及获取相应的劳动报酬的权利，还应给予劳动者安全、优良的劳动环境，劳动者可以"体面劳动"。所谓"体面劳动"，其核心思想是劳动者在安全、自由、公正、有尊严的劳动条件下劳动。国际劳工组织对此有相关论述，"体面劳动"也可以理解为体面、充分、有生产性的工作。体面劳动是指劳动的生产价值和劳动报酬统一的特性，体现了劳动与就业的基础价值。国内外的学者对"体面劳动"均有研究，概括为以下六个特征。

（一）自由择业

这是指劳动者有从业的自由，既有从业自由和待业自由，也有从事任何职业的自由，不受束缚，不存在被迫劳动的现象。奴隶制度、童工严重违反了这一特性，应受到法律的制裁。

（二）平等就业

这意味着劳动者在劳动过程中应受到平等对待，享受平等的待遇。这包括劳动性质的平等，既有一致性的平等，又有实质性的平等。一致性的平等是指争取男女平等，拒绝性别歧视。诚然，男性女性有着天然的生理差异，这就无法做到绝对的机会对等，但应保证男女劳动者薪酬待遇同比例提高；实质平等是指待遇平等、劳动有尊严，保证所有人均能以公平的待遇从事劳动就业，排除歧视。同时也保证劳动者有自由生活与照顾家庭的基本权利。

（三）机会平等

无论是正式就业还是非正式就业、个体户、家庭承包、社会性劳动等，都有一定量的岗位便于劳动者获取。此外，平等就业应当是全民的平等，这需要消除各类歧视，包括性别歧视、地域歧视、残疾人歧视、民族歧视等。平等就业强调的是不同劳动者在同一岗位前，拥有同等的竞争机会；机会平等是强调同一劳动者面对不同的劳动岗位有着自主选择的权利，不同岗位之间的机会是平等的。

（四）生产性工作

生产性工作是指劳动者不仅可以通过劳动获取劳动报酬，还可以为社会进步、国家建设做出贡献，积极提高劳动者自身竞争力。生产性工作也称建设性工作，是劳动者提供社会服务的途径，也是劳动者获取社会地位的来源。生产性工作也可以促进劳动者的自身发展、提高工作技能。

（五）工作安全

劳动者的身体健康可以得到一定保证，当劳动者从事高风险工作，或者遭遇无法规避的危险、不可抗力因素时，有权利享受医疗救济和经济补助。

（六）工作尊严

劳动者基本权利得到充分保障，有权对劳动环境提出意见和想法，有权参与企业和社会层面有关劳动福利的决策。

国际劳工组织强调，企业要进行改革和发展，建设更多投资性质的岗位，使劳动者得到平等就业权和自主择业权。劳动者愉悦工作，以积极的热情从事劳动，才能实现体面劳动的总目标。国际劳工组织希望，每个世界贸易集团、组织、团体都能落实和维护劳动者的基本劳动权利，使劳动者的各项权利都得到保证，最终实现在劳动中对人的解放，这和马克思主义的观点相得益彰。宏观方面，需要政府国家提供法律支持，为劳动者提供法律救济。中观层面上，需要企业在确保自身发展的同时，也要为员工提供良好的福利待遇，为劳动者提供对话的权利以及受尊重的工作环境。微观层面上讲，劳动者有着富足的劳动精神，以及维护自身权利的意识。

二、劳动教育

古汉语中，"教"和"育"分别有不同的含义。《孟子·尽心上》将"教育"合用，"得天下英才而教育之，三乐也。"得到天下的才俊并且教育他们，这是三大乐趣之一。这是"教育"这一概念的萌芽和开端。孟子认为，人心本善，教育的意义在于"存心养性"，帮助人天然的善良得以保持。❶

对于"劳动"的认知，《孟子·滕文公上》记有"或劳心，或劳力；劳心者治人，劳力者治于人；治于人者食人，治人者食于人，天下之通义也"。意思是说，有的人从事脑力劳动，有的人从事体力劳动，从事脑力劳动的人管理着从事体力劳动的人，体力劳动者通过劳动养活自己，这是普天之下的公理。孟子的思想已经和现代企业管理观念相契合，劳工的责任管理分配起着重要作用。孟子的"劳心劳力"概念，突出了社会分工的重要性，对社会发展和劳动者生活水平提高具有重要意义。探索"劳动"与"教育"之间的融通影响深刻，国家管理着整个社会，劳动人民创造物质财富，共同支撑着社会价值存续发展。劳动是社会进步的基础性实践活动，与教育英才的德行培养是同向并行的。

现代社会，劳动的教育内涵需要将劳动教育、社会生产实践、劳动技能培训、职

---

❶ 王道俊，郭文安.教育学：第七版 [M].北京：人民教育出版社，2016：12.

业生涯教育等概念融合为更准确的传达。一方面，劳动教育需要培养学员正确的劳动观、形成积极的劳动态度、树立多劳多得的劳动分配理念、形成良好的劳动习惯；另一方面，需要培训学员，使之具备一定的劳动技能和劳动知识，为学员提供充分的实践机会，培养学员动手能力，让学员掌握必备的劳动能力。当前的职业教育理念更加体系化，需要根据学员的实际层次，提供不同的劳动技能培训，引导树立正确的就业目标，形成直通岗位的定向培养模式。

劳动教育是中国教育体系的重要组成部分，是中国特色社会主义教育体系中的基本内容。劳动教育对培养社会主义劳动者有着无可替代的作用，加强劳动教育是对马克思主义的继承与发展，培养学生劳动责任感十分必要，这也是落实立德树人根本任务的要求。"以劳树德、以劳增智、以劳健体、以劳育美、以劳创新"是中国特色社会主义劳动教育的重要特征。

（一）劳动教育的分类

分析以往的学者研究成果，不难发现，人们对劳动教育的认知大概有三类：德育、智育、德育和智育的综合体。

第一，将劳动教育视为德育教育。《辞海》对劳动教育的定义是：劳动教育是德育的内容之一，对学生进行热爱劳动和劳动人民、珍惜劳动成果、树立正确的劳动观点和劳动态度、通过日常生活培养劳动习惯和技能的教育活动。《中国大百科全书》对劳动教育的定义为：使学生树立正确的劳动观点和劳动态度，热爱劳动和劳动人民，养成良好劳动习惯的教育，是德育的内容之一。这两个定义均强调劳动教育的德育属性，直接将劳动教育定义为德育的一部分，侧重对人民劳动情感和劳动态度的培养，把劳动习惯和劳动技能看作日常生活培养的结果。

第二，将劳动教育视为智育内容。《教师百科辞典》对劳动教育的定义是：劳动教育就是向受教育者传播现代生产的基本知识和技能，培养他们具有正确的劳动观点、劳动习惯和热爱劳动人民、劳动成果的感情，劳动教育十分重视劳动过程中的智力因素，把平凡的劳动同创造性劳动结合起来，把简单的劳动与富有知识的劳动结合起来。成有信在其《教育学原理》中更是直截了当地将劳动教育定义为：培养学生具有现代工农业生产的基本知识和基本技能的教育。这两个定义均强调劳动教育的智育属性，将劳动教育的主要价值定位为传播现代生产基本知识和技能，提高社会劳动生产的智力水平。

第三，将劳动视为德育和智育的综合体。《中国百科大辞典》的定义为：劳动教育是以劳动实践为主，结合进行思想教育。技术教育使学生掌握了一定的生产知识及技术和劳动技能。其实施有利于培养学生的劳动观点、劳动技能和劳动习惯，为普通教育和职业教育打下基础。

由此可见，劳动教育更加侧重德育教育，劳动教育中的技术教育部分更加侧重于智育教育。

（二）劳动教育的本质

1. 社会责任教育

通过参与劳动，体会社会分工，配合多方面的教育影响，学生可以体会到世界的改变，以及自身改造社会的能力。同时，让学生建立起正确使用自身劳动能力，合法获取劳动果实，积极发挥自身影响力，以自身的独特劳动创造力给社会贡献价值，为社会提供新的意义和责任意识，始终学习和发展自身的劳动本领。

2. 人生态度教育

通过劳动教育和其他方面的教育，学生对自身的劳动能力和劳动价值建立积极的、建设性的劳动态度，从而对个人、社会、人类的美好未来充满信心和向往。这种积极的态度，让人们用积极的心态去生活，也能积极地提升自身素质，提升自己的劳动效能。

3. 行动意志教育

劳动教育不是一次两次的劳动就可以解决的，也不是一两天就可以起作用的，需要经年累月地进行才能达到水滴石穿的效果。在此过程中，大学生需要强化自己强大的行动意志力，用坚韧不拔的耐心不断超越自我，享受行动和成功带来的快乐，坚决自觉践行积极实践的决心，做到善始善终。这种良好的心理品质，配合其他方面的教育，能够为学生发展奠定基础，提供持久动能。

4. 生活实践教育

通过劳动将个人的生活和社会生活连接，这是教育产生价值和意义的源头，也会是教育目的、有的放矢的根本。脱离社会实践的教育，是一种顽疾。"两耳不闻窗外事，一心只读圣贤书"是封建制度下教育模式封闭的体现，是统治者统治知识分子的伎俩。只有在生活中提高实践能力，才能促进人的全面发展。

（三）劳动教育的内容

1. 劳动观念

劳动观念是指人们对劳动总的看法和根本观念。这需要劳动者对劳动有着全方位的了解，形成一种对劳动的整体认知。劳动观念是劳动精神的前提和条件，错误的劳动观念不仅会导致错误的劳动行为，甚至会使劳动者走上违法犯罪的道路，不利于劳动者的全面发展。引导劳动者树立正确的劳动观念，实现立德树人的要求，首先需要明确引导劳动者树立劳动创造人本身的观念，错误的劳动观念会使人走向歧途。劳动是人区别于动物本能的实践，劳动创造了人类财富。树立正确的劳动观，才能重视自己和他人的劳动成果，积极参与劳动。

2. 劳动价值观

劳动价值观是人关于劳动的价值取向。一个人有什么样子的价值取向，就会有什么样的价值获取行为。明确人生价值取向是中国特色社会主义教育的内容之一，明确劳动价值取向是劳动教育的内容之一。从价值观入手，是十分必要的。劳动价值观直接影响劳动者的劳动态度和劳动习惯。大学生劳动价值观教育首先要树立起"劳动光荣、劳动伟大、劳动创造价值"的价值取向，培养劳动者"热爱劳动、尊重劳动成果"的态度，实现"以辛勤劳动为荣、以好逸恶劳为耻"的内化。其次，让大学生树立贴合实际的劳动目标，只有切合实际才能避免大学生眼高手低的情况。

3. 劳动习惯

大学生是备受社会关注的群体，近年来学生的劳动习惯和生活问题越来越受到重视。一方面是学生生活自理问题和生活习惯问题频频出现，学生严重依赖电子产品，甚至出现了离开洗衣机就不会洗衣服的现象。另一方面，部分学生学习上出现懒惰和懈怠的情况，学习上缺乏自律精神和自律意识。因此，劳动教育应该重视学生劳动习惯的养成，使学生在体力劳动、脑力劳动方面都有良好的习惯，形成一种劳动自觉。大学教育要培育全面发展的人，需要劳动教育让学生养成良好的个人习惯和勤奋严谨的学习风尚。

4. 劳动技能

培养学生的最终目的也是为社会培养德行兼备的高素质劳动者，大学课程如果仅仅侧重理论学习，这将会导致学生实践水平的低下，显然不符合社会对人才的需要。劳动教育就是为了培养大学生理论和实践结合的能力，让大学生能够学以致用。大学生劳动技能教育大致包括两部分内容：一部分是教育计划内的劳动教育，这需要看具体院校和专业的课程安排，包括教学实验、课程设计等；另一部分是教育计划之外的劳动教育，包括学校提供的勤工助学岗位、科技文化服务、志愿服务等。

第二节　中国劳动教育的发展历程及特征

中华民族是勤于劳动、善于创造的民族，始终将勤勉劳作视为社稷之基和生活之本，崇尚"天道酬勤""民生在勤，勤则不匮"等理念。推动中华传统文化中劳动思想的现代转化，有助于提升劳动教育的精神品格，使其更富人文属性和历史底蕴。

一、传统哲学中的劳动反思

中国古人十分重视劳动和劳动分工，形成了一套有中国特色的劳动管理学和劳动哲学。其中，道家的思想影响最大。道家对我国古代的劳动哲学的影响主要表现在两个方面，从某种程度上来说，这两个方面是有所冲突的。

一方面，古人重视劳动技能的提升和劳动技巧的成熟，甚至把劳动上升到艺术的层面。古人认为，劳动需要做到心无旁骛、专心致志，达到"技可进乎道，艺可通乎神"的理想境界。《庄子·养生主》里著名的"庖丁解牛"的故事就体现出这种境界。解牛剔骨，这在旁人看来是费时费力的事，在庖丁手下却是手到擒来，甚至"乃中《经首》之会"，竟然发出音乐一样的声音。这正是我们今天倡导的工匠精神的真实写照。

另一方面，古人特别是道家学派，又将器物的精巧和人心的技巧机械式地联系到了一起，认为"有机械者必有机事，有机事者必有机心"，意思是说，人追求机巧的器具，就会去做机巧之事；若从事机巧之事，便会有机巧之心。这其实是一种鄙视的态度，人有了机巧之心，心灵便不再纯洁，便会陷入物质的追求之中，陷入急功近利的状态里，这是对技艺的偏见，会阻碍社会的进步。

从本质上来说，这也符合中国传统社会"入世"和"出世"之间的矛盾，蕴含着朴素的辩证法的思想，也符合当时背景下的文化经济条件。从根本上来讲，中国古代的劳动教育思想还是倡导人既要做"入世的高手"，也要做"出世的智者"。

二、农耕文明下的劳动分工和劳动教育

早在春秋战国时期，中国思想家就提出了社会劳动分工的观点。虽然古代经济模式以自给自足的小农经济为主，但是这并不意味着社会还没有分工，也不意味着社会不重视分工。在劳动实践中，一个人不能身兼数职，再加上生产力有限，劳动分工是必然趋势。《考工记》记载了春秋战国时期劳动力劳动分工大概分为木工、金工、皮革工、染色工、刮磨工、陶瓷工6大类30小类，反映了当时社会的劳动分工的程度。通过劳动分工，生产上进一步得到提高。管仲将民众分为"士、农、工、商"四大类，

分类定居。《管子·小匡》中有"士农工商四民者，国之石民也，不可使杂处，杂处则其言哤，其事乱"。管仲的意思是几种类型的民众是国家的基石，不能杂乱定居，官员居于城中、农人必须近田野、工匠靠近官府、商人靠近市井。管仲甚至要求，职业代代相传，来维护社会秩序和提高劳动生产率。

（一）劳力和劳心的价值争辩

古人重视劳动，也洞察到体力劳动和脑力劳动之间的差别。关于如何看待体力劳动，不同的学派有着不同的意见。

受当时的礼制和等级观念的影响，春秋战国时期的思想家普遍鄙视劳动，尤其是体力劳动。认为只有社会地位低的人才会从事体力劳动，"君子"应该"劳心"，且劳力者应该被劳心者管理（役使）。春秋战国时期的劳动思想，特别是儒家的思想，对整个后来的中华文明都有很大程度的影响。但是，儒家对劳动价值观的影响绝不止于此。儒家思想有着一套十分复杂的观念体系，其对劳动价值观的影响也有两方面：一方面，儒家固然强调劳心和劳力之间的对立，引导世人求取功名、进入仕途，成为"君子"，最终实现"平天下"的远大理想。另一方面，儒家也强调人格独立，强调社会道义和独立人格，独立人格的获取也需要劳动获得。孟子讲的"穷则独善其身，达则兼济天下""富贵不能淫，贫贱不能移，威武不能屈"等都强调人格独立。人不能屈从于权势，劳动成为保证君子独善其身的条件，君子的劳动保证了君子人格的独立，劳动来保证正义。

（二）仁政思想中的劳动正义

劳动正义是对人格信仰、劳动方式和劳动关系的追问，本质上是对劳动方式、劳动活动和劳动关系之间合理性前提和目的性的哲学反思和价值检验。简单来说，就是追问劳动的付出和得到是否合理。

一是强调生产特别是农业生产的重要性。中国文明进入农耕时代较快，小农经济一度是我国的经济支柱，农耕文明里，对农业的重视是十分必要的。先秦时期，就设立了农稷之官来指导农业生产。《周礼·地官司徒》中"大司徒之职，辩有十二壤之物而知其种，以教稼穑树艺"。不仅如此，西周春秋时期，在每年春耕之前，周天子都要率诸侯行"籍田礼""以先群萌，率劝农功"，宣扬"王室唯农是务"。王室对农业也十分重视，国家奉行重农抑商的政策，抑制工商业的发展。

二是强调轻徭薄赋，善待农家子嗣。儒家十分反对聚敛，反对加重农业负担，主张藏富于民。历史上卓越的统治者和政治家，无不注意减轻农民的负担，以利于国家的长治久安。其中，以孟子的"民为贵"最为典型，孟子还提出了"为民制产"的主张，强调保证农业生产。

三是主张劳动者应该享有劳动所得。许行等人提出了一个耐人寻味的哲学式问题：劳动者并不享有全部的劳动成果，统治者却可以坐享其成。这实际上就触及劳动正义的问题，很多思想家都注意到了这一点。

当时社会制度下的劳动主体是农民，土地是其最重要的生产资料。劳动者应该享有劳动所得，这一切的前提就是农民拥有土地。历代农民起义的原因和口号也大多是围绕土地和社会公平开展的。

（三）耕读传家中的劳动教育

我国是世界上较早从事农业生产的国家之一，农业的兴衰直接影响历史上王朝的兴衰，农业也是先民们生存和发展的重要条件，伴随着农业生产力的提高，农耕文明也逐渐发展起来。数千年以来，农耕文明对一代代的中国人产生了巨大的影响，也促进了人类社会的变革。

耕读文化正是中国数千年农耕文明在特定的历史时期所形成的乡村文化。先民将"耕"和"读"结合起来，希望拥有耕、读相结合的生活方式，因此白天从事农业劳动与晚上挑灯读书共同构成了我国独特的耕读文化，这与我们所强调的实践和学习相统一的劳动教育理念是不谋而合的。

从"耕以致富，读能荣身"的朴素愿望，到"胸怀天下，振兴中华"的理想追求，耕读文化在发展中已经形成的开拓进取、自信达观、自强不息的精神培养了一代又一代的中华儿女。

当然，古代耕读文化传承和劳动教育也有一些消极因素，如技艺传承的封闭性、人身依附关系、有技术无科学、不利于社会流动等。但劳动教育发展历经千年，仍然有一定的合理性，我们应该取其精华，去其糟粕，认真总结中国古代非精英阶层的劳动教育实践的经验和优点，促进今天劳动教育体系的发展与完善。

生产与教育结合是中国古代原始简单的教育与生产劳动相结合，其几乎存在于整个中国古代社会，其实践与理论也在不断地完善与提高。产生这种现象的原因，或是知识分子的贫困，或是人们对理想社会的追求，其扩大了教育的社会基础。这种现象的存在说明教育与生产劳动相结合是自古就存在的，有其历史渊源，并且存在对现代教育的启示价值。我国人民自古以来就热爱劳动，当代学生要传承勤劳勇敢、热爱劳动的民族精神。

三、中华人民共和国劳动教育的发展进程

（一）劳动教育初塑时期

1949 年，中华人民共和国成立；1953 年，国民经济恢复任务基本完成，这段时间

的劳动关系主要是继承新民主主义革命时期的特点，以"劳资两利"为核心，针对当时因战争而遗留下来的大规模失业与结构性贫困的问题，在稳定工商业正常的雇佣关系下，实施普惠性质的社会救济方案。

1950年，时任教育部部长的钱俊瑞在报告中初次提出将教育和生产劳动相结合的教育方针。这一方针的提出，使劳动教育在我国的国家政策中有了时代内涵，推动与基础生产相结合的劳动成为教育的新形势，在劳动中开展教育工作，通过劳动进行教育以及用劳动推动教育发展。

中华人民共和国成立初期，国家对劳动教育进行了很长一段时间的探索和学习，完成了劳动教育最基本的体系塑造。但是在具体落实的时候，囿于多种因素的影响，要使劳动教育完全落实，仍有很多工作要做。

（二）劳动教育现代化建设时期

中华人民共和国成立初期，我国的劳资关系比较混乱。一些弊端严重影响着新生政权的社会根基。

这些问题直到1978年，通过改革开放的实行得到了解决。改革开放翻开了时代新的一页，劳动教育随着改革开放的开始和发展也逐步发生了变化。此时的劳动教育根植于经济开放的大背景。整个教育体系都需要为全面的改革和建设服务，这一时期的教育方向和国家发展相契合。国家通过根本大法的方式对教育进行了进一步的梳理，对之前的教育模式破旧立新。

这一时期，国家全面改革劳动教育体系，肃清了教育环节中不成熟的因素和阻碍因素，推动劳动教育和现代化建设，以及经济建设相结合，劳动教育逐步有了市场经济的影子。结合当下国情，将现代化的劳动教育落到了实处，在国家的大政方针上进一步规定了劳动教育需要适应现代化发展的趋势。

（三）劳动教育转型发展时期

2001年，《国务院关于基础教育改革与发展的决定》（以下简称《决定》）发布，赋予劳动教育更加丰富的内涵。

首先，需要推动综合实践课程的进步，整合课程资源。整合成为《决定》发布后一段时间的一个特点。《决定》重申了"教育与生产劳动和社会实践结合"。劳动教育开始从一门单独的学科，向着综合性课程发展。

其次，整合课程价值，重申"教育为人民服务"。劳动教育的目的是培养学生的劳动意识和劳动素质。将广泛的教育资源融合到整体的教育框架中，体现出"以人为本"的价值主体意识。

最后，注重劳动情感教育。充实课程内容，丰富人的精神世界。这也体现出了人本主义教育思想。劳动教育的内容不仅是劳动技能的培养，还有劳动者的心理建设和情感建设。

进入 21 世纪后，教育愈发侧重人本身的价值，体现出更加深厚的人本主义思想。劳动教育进入整合时期，劳动教育课程也囊括了更加丰富的内容。随着教学手段的丰富，劳动教育的内容也更加丰富，在尊重原有价值的基础上，更加突出人文价值。

（四）劳动教育新时代发展时期

2012 年，中国共产党第十八次全国代表大会（以下简称"十八大"）顺利召开，中国特色社会主义教育事业开启了新篇章。教育事业在以立德树人为目标的大背景下，将"劳"纳入教育方针。

首先，十八大要求教育要坚持价值引领，确立时代的方向。随后，教育部等各部委相继发表意见，将劳动教育在贯彻落实党的教育方针的基础上，实施素质教育。

其次，加强法治建设，明确时代制度规范。2015 年，全国人民代表大会常务委员会关于修改《中华人民共和国教育法》的决定发布，该决定再次强调了"劳教结合"。

最后，建立长效机制，拥抱新时代劳动教育生机与活力。在早期的教育设计中，劳动教育缺乏长效健全的机制。劳动教育建立长效机制，推进课程落实意义非凡。

2022 年，国家教育部正式印发了《义务教育课程方案和课程标准（2022 年版）》，文件中明确要求，将劳动、信息科技从综合实践课程中独立出来，成为单独的教育学科，并从 2022 年秋季学期开始执行。

劳动课程的这种变化也体现出了马克思主义发展观。劳动课程不断变革和发展，关于劳动教育的落实机制也在逐步健全，劳动教育更加趋向价值观引领，多学科整合方向。

四、劳动教育的特征

（一）整体性

劳动教育涵盖了个体从出生到死亡的所有教育，是个"形散而神聚"的有机整体，具有高度的整体性，这也是劳动教育最本质的特点。它意味着劳动教育不是各级、各类教育的相互分割或简单叠加，而是它们彼此的相互协调和沟通，具有整体大于部分之和的功效。劳动教育的整体性可以从以下几个方面来理解。

1. 教育内容的整体性

劳动教育强调人的全面发展和持续发展，因此，教育必须从人的发展需求入手，促进个体德、智、体、美的全方位发展。也因为如此，劳动教育主张文理渗透，反对对教育的过分分割。同时，强调教育内容之间的有机协调和相互促进。

2. 教育形式和方法的整体性

劳动教育特别强调各种教育形式和方法的综合和结合。例如，理论教育与实践教育的结合；校园教育与校外教育的结合；正规教育、非正规教育和非正式教育的结合；教育与生产实践的结合；继承性教育与创新性教育的结合。等等。

3. 教育制度的整体性

劳动教育是一个完整的制度，其整体性或一体化将贯彻两个组织原则：一是垂直贯通，即从制度上消除入学障碍和学习障碍，保证各级、各类教育的衔接，从而体现各级教育的连续性和一贯性。二是水平整合，即从制度上保证个体在生命周期的不同阶段可获得各种教育活动和学习机会，亦即建立学校或其他具有教育功能的组织之间的联系，构成全方位的学习网络。

（二）多样性

劳动教育具有多样性的特征，这不仅体现在其教育形态多样、教育内容多样、教育方法多样等方面，还体现在投资主体、教育职能以及教育发展模式多样等方面。由于教育形态多样、教育内容多样、教育方法多样与上文中对劳动教育整体性论述中关于教育内容、教育形式和方法的整体性存在一定的重合，因此，这里主要分析劳动教育投资主体、教育职能以及教育发展模式的多样性。

1. 投资主体的多样性

劳动教育的投资主体不仅应包括国家、社会、组织、家庭和个人等各级投资主体，还应包括同一级别中不同类型的投资主体。比如教育不但是教育部门的职责范围，而且还是其他部门，如人力资源和社会保障部、财政部等部门的职责范围，这就要求教育发展必须实施综合行政和综合管理。从这一层面来看，劳动教育打破了国家作为唯一或绝对的教育投资主体的局面，有助于教育资源的优化配置，有助于投资主体获得相对理想的教育收益。

2. 教育职能的多样性

从劳动教育提出和发展的社会背景来看，正是现代社会发展所产生的诸多令传统教育无法解决的问题或危机，促使人类社会进行教育改革和教育创新。劳动教育被视为解决现代社会危机和挑战的主要手段，这本身表明劳动教育具有解决多方面社会问题的职能。例如，劳动教育有助于教育与生活或工作的相互结合；有助于满足不同层次和不同类型的学习需求；有助于促进人的可持续发展等。

3．教育发展模式的多样性

由于社会经济发展水平、历史文化传统、社会发达程度、公民基本教育水准的差异，各国或各地区对劳动教育的理解不同，劳动教育体系构建的重点以及发展进程也不同，从而出现了众多各具特色的发展模式。

（三）持续性

劳动教育是持续不断进行的教育，贯穿个体的一生，这也是劳动教育区别于传统教育的最明显的标志，贯穿终身教育的理念。通俗地理解就是"活到老，学到老"。

教育的持续性本质上是对传统发展观的根本颠覆。传统的发展观将人的一生划分为两个时期，即从出生到成年的发展期和从成年到死亡的衰退期。在传统社会，人们不但在研究上忽略成人的发展问题，而且在实践中也往往不重视成人的教育问题。这是因为传统社会发展缓慢，人在不同阶段的发展具有很强的相似性或同质性，人在后期的发展问题不突出。在现代社会，随着社会经济的快速发展，个体一生的发展都面临诸多的挑战和危机，而"持续的变革需要持续的学习"，只有如此，人的持续发展、终身发展才能实现。劳动教育可以促使教育在人的发展的不同阶段进行相对分工，从真正意义上实现全面教育，而不是像传统教育那样，把教育的任务集中在某个阶段进行，从而导致教育负担过重，学生厌学、辍学以及教育效率低下等问题。

（四）开放性

劳动教育体系是一个有机的开放系统，具有很强的开放性，其系统内部各要素之间以及系统与社会外部环境之间不断进行物质、信息和能量的交换。劳动教育的开放性体现在以下两个层次上。

1．系统对外部环境的开放

（1）劳动教育的发展，必须改变传统的教师观念，真正实行能者为师，除劳动教育教师外，许多社会成员都可能成为教师，尤其在其自身擅长的领域。因此，发展劳动教育，一方面，要利用学校的师资要为社会提供各种教学服务；另一方面，必须充分调动和利用社会的教师资源，为各级、各类教育提供必备的师资条件。

（2）不同的个体或群体有各自的个性特征、群体特征和约束条件，从有利于人才培养的角度和立场出发，教育发展必须采用各种可能的和有效的方式、方法、途径和手段，从而使教育方式能够适应不同教育客体的需要，真正贯彻"因材施教"。此外，不同的教育内容也要求教育方式的开放，以保证教育的可行性和有效性。

（3）教育客体不再局限于传统学龄儿童和青少年，不再局限于强势群体，还包括传统学龄儿童和青少年，以及强势群体之外的所有社会成员。社会所有成员都可以在他们认为需要的时候进入或重新进入教育系统，接受自己所需要的教育。劳动教育是一种"有教无类"的教育。

（4）发展劳动教育。各级、各类教育机构的教育资源除满足自身的正常需要外，应当尽量向社会成员开放，以充分发挥教育资源的效益，而学校和其他教育机构也能够通过教育资源的社会化，增强自身发展的活力和实力。

（5）劳动教育与科技发明、职业发展以及社会生活紧密联系，因而社会上各种先进的思想观念、先进的科学知识和先进的科技成果能够及时为教育所用，进而又以教育的形式或途径反馈给社会成员，促进人的知识和技能的更新。

（6）劳动教育是不受空间和时间限制的教育，人们可以在任何地点、时间接受某些类型的教育。随着教育技术的迅速发展，"无墙大学""空中大学"以及"虚拟大学"越来越多，从而赋予教育的时间和空间以极大的弹性。

2. 教育系统内部各子系统或各要素之间的相互开放

劳动教育是一个要素繁多、结构复杂以及功能多样的大系统。从教育内容上划分，可以将其划分为基础教育和专业教育，专业教育又可进一步划分为文、理、工、医、农、林、师范、财经、政法、体育、艺术、军事等各大门类，每一门类又可划分为若干具体专业；从教育对象上划分，可以划分为婴幼儿教育、儿童教育、青少年教育、青年教育、成人教育和老年教育等。

尽管劳动教育系统内部的要素繁多、结构复杂，但是教育系统内部各子系统或要素之间总表现出一定的层级和类型，因此，它们之间的开放性主要体现在纵、横两个维度上。首先在纵向维度上，教育系统内部各级子系统之间有效衔接或贯通。劳动教育的纵向贯通包括各级教育之间有效垂直贯通和斜向贯通，封闭性的"断头"教育，将在劳动教育系统中逐渐消失。其次在横向维度上，教育系统内部各类子系统之间的教育内容相互渗透，教育信息、教育资源的共享，教育制度的沟通，教育目标的相互借鉴，表现出很强的开放性。

（五）公平性

劳动教育打破了传统教育的枷锁，以全体社会成员为教育对象，采用多种多样的教育方式，利用一切可利用的教育资源，为社会全体成员提供可持续的教育，以便使全体社会成员都能受到教育，这也充分体现了劳动教育的公平性特征。也就是说，社会中所有的个体，只要自己有接受教育的意愿和想法，就可以在自己认为合适的时候进入劳动教育系统，以适宜的方式参与整个学习过程。

第三节　新时代劳动教育的使命

新时代劳动践行者，不是放弃课堂去学工、学农，而是要从思想、心理、知识技能、行为等方面入手，全面提升新时代劳动素养。劳动教育在培养人才和提高人才道德素质方面有着崇高的历史使命。

一、认识劳动树人的意义

实施劳动教育课程，要让学生认识到，劳动所带来的意义不仅是劳动本身，对个人的人格发展和终身发展都有着意义，劳动创造了人类文明，劳动是人生意义的一部分。热爱劳动是立业为人的根本。培养热爱劳动的情感态度，一是要积极参加劳动实践体验课程。在自我服务劳动中体验自主的快乐，在家务劳动中体验感恩的幸福，在集体劳动和公益服务中体验造福他人的欢乐，在生产劳动和专业实践中体验创造的愉悦，不断深化劳动情感体验。要积极参加校外劳动，如农业生产、工业体验、商业和服务业实习等劳动实践。二是要加强辛勤劳动意识与态度的培养。辛勤劳动是热爱劳动的试金石，一个人只有不怕辛苦、不辞辛劳、不惧艰辛，始终保持劳动的热情与干劲儿才能真正称得上热爱劳动。一方面，要培养勤奋学习的态度，要认识到学习是当下最主要的劳动，认真学习刻苦学习，不仅是增进知识的过程，更是磨炼意志、锤炼品行、提高自己的辛勤劳动过程；另一方面，要适当增加从事体力劳动的机会，可通过承担家务劳动责任，参与校园卫生保洁、普及校园种植、认领校园"责任田"等方式，在农忙时节积极参加学校组织的农业生产劳动，或者开垦学校农场、养殖场等，增加劳动锻炼的机会。三是要培养热爱劳动者的真挚情感。要深刻认识到正是身边一个个普通劳动者的辛勤与汗水建造了我们幸福成长的花园。任何时候任何人都不能看不起普通劳动者，尊重普通劳动者，珍惜他们的劳动成果是每个人的基本修养。

二、树立正确的劳动价值观

"劳动最光荣、劳动最崇高、劳动最伟大、劳动最美丽"是当下劳动价值观的明确定位。这一定位，是对马克思主义劳动价值观的继承与发展，也是对新形势下出现的拜金主义、享乐主义、投机主义思潮的拨乱反正。

劳动教育，也是价值观的教育，树立"四最"劳动价值观，需要我们充分认识人民群众创造历史这一定论。劳动开创未来，劳动是推动人类社会进步的根本力量的真理性意义；切实明白为什么教育与生产劳动和社会实践相结合是造就全面发展的人的唯一方法，体验在劳动中播种希望、收获果实、磨炼意志、提高自己的快乐度；深刻理解按劳分配是实现社会正义的基本原则，鄙视不劳而获、少劳多获的投机思想；正确认识新时代劳动的复杂性与多样性，由衷认同"一切劳动，无论是体力劳动还是脑力劳动，都值得被尊重和鼓励"的道理，切实改变轻视体力劳动和体力劳动者的错误心态，不能离开尊重劳动去谈时代精神。

三、培养诚实劳动的优良品德

诚实劳动是社会主义阶段提倡的基本劳动道德。诚实劳动也是劳动教育的重要内容，劳动离不开诚实，劳动教育也不能缺少诚信教育。在劳动状态上，诚实劳动表现为"干一行、爱一行、专一行、精一行"的实实在在为他人提供优质服务的工匠精神；在经营活动中，诚实劳动表现为合法经营、按政策办事的劳动纪律；在精神境界上，诚实劳动提倡个人获得利益与为社会尽职尽责的和谐统一。

培养诚实劳动的优良品德，一是要充分利用劳动教育实践基地、综合实践基地和其他社会资源，结合研学旅行、团队活动等方式，深化对各行各业诚实劳动现状的感知、体验与反思；二是通过诚信校园文化建设严格要求自己，向校园诚信榜样学习；三是在日常学习、家务劳动、校园劳动、公益服务、社会实践等方面，要以诚信要求自己。

四、打下创造性劳动的良好基础

新时代的劳动，不仅需要辛勤劳动、诚实劳动、更需要创造性劳动。劳动教育的目的不仅是教育学生如何去劳动，还要让学生发现劳动障碍，突破劳动障碍，实现创造性劳动。

培养创造性劳动能力，一要认真学习文化知识和专业理论知识，了解这些基本知识、基础理论在推进科技进步方面的重大作用；二要提升现代生产劳动技能训练，积极参加家政、烹饪、手工、园艺、非物质文化遗产等实践活动，进一步加强毕业实习、专业实习、生产实习、服务学习等环节的劳动技能训练；三要积极参加与劳动有关的兴趣小组、社团、俱乐部活动，如生物小组、实验小组、园艺小组、信息技术小组、手工制作小组、电器维修小组等，加强创造性思维能力与动手操作能力的培养。

五、养成勤于劳动的良好习惯

一个具有良好劳动习惯的人，一定有着良好的劳动素养。勤于劳动，是热爱劳动的情感态度习惯化为稳定的行为模式的表现。"自己的事自己做，他人的事帮着做，公益的事争着做"是习近平同志对少年儿童劳动习惯培养的殷切希望。

培养良好的劳动习惯，一要培养自我服务的劳动习惯。培养自己的事情自己干、家里的事情主动干的良好习惯。二要培养良好的集体劳动习惯。积极参加校园劳动日、校园劳动周、班级大扫除、校园绿化角等活动，培养他人的事帮着做、集体的事热心做的良好习惯。三要培养参加公益劳动的习惯。积极参加社区服务、援助劳动、公益远足等志愿活动，培养公益的事争着做的良好习惯。

延伸阅读

小荷才露尖尖角

姜雨彤在江苏南京举行的，由农业农村部与教育部共同主办的全国职业院校农业技能大赛中荣获艺术插花二等奖。这是她继辽宁省职业院校农业技能大赛艺术插花比赛中取得一等奖、辽西北职教联盟艺术插花大赛中取得二等奖之后又一次取得佳绩。谈到她的成绩，她的指导老师深有感触地说：“姜雨彤一定会成功的，这是她努力学习、刻苦训练的必然结果！”

热爱是最好的老师

姜雨彤是一个爱美的小女孩，爱美的天性使她在众多专业中选择了园林专业。因为从小就喜欢花花草草，她在家里养了许多盆栽植物。听说园林专业可以学到更多花草知识，她义无反顾地走进了园林专业的课堂。让她高兴的是，在学校，她不仅认识了许多以前从没看到过的植物，还学到了怎样养护和管理这些植物，尤其是自己的心灵和情感得到了陶冶，审美品位得到了提升。她庆幸自己做了正确的选择，于是如蜜蜂采蜜般地投入对专业知识的学习中。在得知今年将有插花大赛的消息后，她积极报名参加，在园林专业选拔参赛选手前，她就查阅插花资料，请教老师，积极备考，最终在选拔赛上脱颖而出，以全班第一名的成绩成为插花大赛选手。

梅花香自苦寒来

要参加省级、国家级插花比赛，园林专业课课堂上的插花训练课时是非常有限的，因此学校派几位参赛选手到花店集中培训。初到花店集训时，姜雨彤对插花表现出了极大的兴趣和热情，但是动手操作之后发现：插花看似简单，但需要很深厚的插花艺术理论知识作基础，而自己这方面还很薄弱。于是她白天认真地向指导教师求教，晚上找来各种相关书籍仔细揣摩，力求消化，第二天再把这些理论知识用到实践中。

插花技能的训练是很辛苦的，需要较强的体力支撑，这对娇小身材的姜雨彤来说是个极大的挑战，但是她并没有被困难吓倒，反而增强了攻克难关的决心。在集训的几个月里，为了更好地完成指导老师布置的设计任务，她除参加学校专门开设的培训课外，还临摹光盘和视频加强学习，周末和五一假期，同学们都回家或逛街时，她仍全身心地投入插花技能的训练当中。通过集训，她体会到学习花艺并非人们口中提到的那么有趣，相反是一个枯燥的过程，一个动作要练习几十遍，甚至上百遍。比如，给玫瑰花打刺，起初老师教过后成功地打上一两枝还小有成就感，打到一捆，两捆……手都会抖，更有被玫瑰刺刺出的道道血痕。为了增加插花作品的技巧性，需要用散尾葵叶片编织造型，这过程看似简单，但做起来就没有那么容易了。

花材一到手上，坐着编一两个小时是常事。但是，姜雨彤坚持下来了，一步步、一点点地从学习花的颜色与搭配、花的寓意与花的摆放等插花基础知识起步，到熟练运用一定的艺术技巧，直至能够运用各种花材重新将其打造成一件件精致、美丽，富有视觉美感的艺术品。

功夫不负有心人，经过3个月的集训，姜雨彤终于在辽宁省职业院校技能大赛艺术插花比赛中以优异成绩获得第一名，而后又代表辽宁省参加全国职业院校技能大赛。她凭借扎实的基本功和较好的心理素质完成了参赛作品《乘风破浪》，选手和观众对她的作品都赞不绝口。

好风借力向未来

获得省、国家技能大赛一、二等奖后，姜雨彤并没有为取得的成绩而骄傲，反而对插花、对园艺有了更加深刻的理解：插花是一门艺术，艺术需要创造。优秀的作品才能给人以美的享受，欣赏时感到心灵相通，回味无穷。她清醒地认识到，仅有娴熟的插花技巧，作品缺乏思想、意境的作者，充其量只是一位插花匠。要学好插花，必须不断丰富和提高自己的文化艺术修养。因此，她下定决心，考上大学，继续在园艺花卉方面深造。2014年，在《国务院关于加快发展现代职业教育的决定》发布以后，姜雨彤更加坚定了自己的选择。她觉得，有国家对职业教育的重视作后盾，有自己对园林专业的热爱作支撑，有学校和老师关怀期望作动力，自己的未来一定会更加美好！

思考题

选取我国古代的任何一个年代与当代社会进行对比，结合两个时代劳动教育的异同，谈谈当代劳动教育有哪些传承和发展，并说说劳动教育发展的具体原因。

第二章　中国特色社会主义劳动观

导语：

这一章所探讨的劳动观问题，需要从伦理的角度去探究，这不同于马克思从经济学维度对劳动价值问题进行的阐述，即不谈论劳动的经济价值，而是分析劳动、劳动者和劳动者彼此之间的社会关系。对于劳动者来说，其从事劳动的意义有从维持生存到满足生活，再到实现自身发展的阶级属性和递进价值。其中不同的劳动观，对劳动者的发展程度有不同的影响。

教学目标：

认知	情感态度	运用
理解劳动观的影响因素和劳动观的意义	教育学生树立正确的劳动观和义利观，合理获取财富，坚持正确的劳动观	引导学生树立正确的劳动观，并引导其进行实践

第一节　劳动观的思想渊源

在弄清楚"劳动是为了什么"这个问题后，我们可以开始思考"劳动是为了谁"这个问题。这不仅是一个劳动观的价值对象的指向问题，还是一个人生观的问题。

一、劳动价值具有两面性

从劳动价值的对象上看，劳动伦理也具备两面性，即自为性和为他性。劳动不仅为了劳动者自己，也是为了他人和社会。

（一）一体两面：自为性和为他性

任何劳动都带有双重属性：自为性和为他性。这两种属性构成了劳动观的"硬币两面"。分析劳动观需要考虑劳动观的伦理价值，这就需要劳动者既不能只顾自己的利益而忽视他人的利益，也不能只倡导为他人的无私奉献而忽视自身的利益。前者会让人陷入犯罪的旋涡，后者会让人陷入实际的生存危机。

劳动的自为性是劳动主体的逻辑延伸，劳动者需要为了自身的生存实际、生活满足和职业发展而进行劳动。这是劳动过程的开端和基础，劳动者交换劳动成果来解决彼此的生存危机，这也是马克思主义"劳动力商品"的具体体现。即使是在人全部的高尚的利他的机制中，也存在满足劳动主体需要的方面，劳动主体需要自我肯定和自我发展。马克思认为："任何人如果不同时为了自己的某种需要和为了这种需要的器官而做事，他就什么也不能做。"❶ 由此可见，人的任何行为都和人的内在需要或者外在需要相关，人本身的需要是一切活动的动力。作为人类主要活动的劳动，自然是如此，人需要劳动。

劳动的为他性，就是劳动为他人和社会服务的属性。这是我们长期以来宣扬的劳动观，劳动即奉献，劳动需要为人民服务，为公共利益服务。在肯定劳动者自身利益的时候，马克思还说："如果一个人只为自己劳动，他也许能够成为著名的学者、大哲人、卓越诗人，然而他永远不能成为完美无疵的伟大人物。"❷ 劳动不能只为自己，也不可能只为自己，这不仅是从个人利益和社会利益视角出发得出的结论，也是个人现实的需要。人不能孤立地存在于社会上，人属于社会群体性动物，人必须在社会关系中提供维系关系的服务，从中获取社会认同，继而获得人格尊严和荣誉，人需要用劳动来获得自我价值的实现。这里面有着朴素的"我为人人，人人为我"的观念。

劳动者总是"通过生产使用价值的为他性作为手段来达到自为性的最终目的"，劳动本身自带自为性和为他性，所以劳动观也同样兼具这两种属性，这两种属性对立统一在人的劳动之中。劳动只有具备为他性，才能赢得社会的认可，劳动者才能获取合理的劳动报酬，并从社会获取身份认同和人格尊严。同理，劳动者从中获取劳动报酬，同时也能收获精神上的满足，这体现了劳动者的自为性。从这层意义上看，劳动观具备自为性和为他性也是对立统一的，这是劳动的根本价值取向，也是劳动观的渊源。

（二）劳动的自为性与为他性的伦理博弈

劳动的自为性和为他性，作为劳动价值观的两个方面，存在着一定伦理博弈的问题。但是劳动的自为性和为他性不是绝对对立的关系。劳动的自为性和为他性都是合乎伦理、合乎现实的，只不过二者伦理关注的侧重点不同。

人的行为背后总有一定的想法，这是行为的动机。亚当·斯密认为人的行为动机有两个：爱心和同情心。从劳动者行为观念的出发点上讲，劳动自为性的伦理基础是自爱，劳动为他性的伦理基础是同情。劳动的自为性，首先表现出来的应该是对自己

❶ 马克思，恩格斯.马克思恩格斯全集：第 3 卷 [M].中共中央马克思恩格斯列宁斯大林著作编译局，译.北京：人民出版社，2002：286.

❷ 苏联教育科学院，马克思.马克思恩格斯论教育：下卷 [M].北京：人民教育出版社，1986：316.

负责，人首先应该对自己负责，在此基础上，才能对他人负责。费尔巴哈曾说，人的第一责任是让自己幸福。值得强调的是，劳动者自尊自爱，让自己幸福是合乎伦理的，并且这种伦理有其存在方式，劳动报酬是其中之一，正常支付劳动者报酬，就是对劳动伦理合法性的确认，合乎伦理的劳动应受到法律的保护。

劳动的为他性，劳动服务于他人和社会，这也是合乎伦理的。同样是亚当·斯密，他认为人的利他行为源于人的同情心。人不仅会自爱，也会爱人。这种人类本性使人去关心他人，将别人的幸福也放在自己心上。这是人和动物的一大区别。需要强调的是，这种同理心，不是"强的一方"对"弱的一方"的悲悯，不是恻隐之心。而是一种感情上的道义和良心，是一种理性。同样，费尔巴哈说人要"让自己幸福"，这是"第一责任"，不是"唯一责任"。"让自己幸福"是"让别人幸福"的一种能力和准备。只想自己幸福而不顾他人幸福的人是自私、狭隘的，这种幸福也是虚幻的、不长远的，人不能活在真空中，幸福是相互的。自为性和为他性对应的是自爱和同情，这都是人类美好的情感，爱自己也爱他人，一个有爱的社会是通过劳动缔造的。

从本质上讲，自为性和为他性的关系是利己和利他的对撞。关于自为性和为他性，曾一度是学界争论的话题。劳动的自为性和为他性的伦理博弈，集中到一点可以形容为"主观为自己，客观为他人"的伦理观念审视。劳动的自为性和为他性，同时存在于某个具体的劳动过程中和劳动产品上。问题在于，从目前的劳动伦理上看，劳动者主观上的"为自己还是为他人"，或者是很大程度上的"为自己和为他人"，他的实际劳动是合乎伦理的吗？曾有观点认为，一个人出于自己的考虑去劳动，无论他客观上带来了什么样的社会效益，都是自私行为，是不值得推崇的。现在我们重新审视"主观为自己，客观为他人"的劳动行为，对自己和他人这种双赢的劳动，其实根本不需要讨论应不应该的问题。如果一个人不为自己，只为他人，这是人性的缺陷；一个人只为自己，不为他人，这是道德缺陷。事实上，现实中不存在这两种情况。现实情况是，人们都凭借自身的劳动智慧和劳动本领积累财富，一个人的财富积累足够使他生存的同时，也为国家和社会积累了财富，这就是"人从自身出发，达到了利他的效果"的具体体现。

（三）劳动是为了谁

对于很多人来说，这可能不会是一个问题——每天劳动，并获取劳动报酬，适龄退休，安享晚年，怎么会有"劳动是为了谁"的问题呢？"劳动是为了谁"并不是现阶段的问题，也不是凭空出现的问题，需要从哲学、伦理、观念的角度去探究。

"采得百花成蜜后，为谁辛苦为谁甜"是唐代诗人罗隐写下的千古名句，这也是对该问题的思考。

这里需要考虑的是"劳动是为了谁"中"我"的意义，这也是从伦理观念的层面出发探究的。从为革命事业、为民族独立中的"无我"，到为家庭、为爱人的"自我"意识，再到为共享、为集体的"小我"观念。"我"在为"谁"劳动的实践中地位突出。"我"是一个伦理色彩十分强烈的概念，单就"为谁劳动"而言，对"我"的分析，应该兼顾"我"的多种身份主体的问题。"我"是劳动者，是合作者，是劳动成果的享受者。"我"应该是三种身份的结合体，而不仅是其中之一，或三分之二。这种"我"其实是包含"他"的。放眼现实，有一部分人是谈不上为了发展而劳动的，只能说是为了个人私利进行盘剥，那些制售假冒伪劣产品以及坑、蒙、拐、骗的人，他们缺少的就是作为"我"的社会良知。社会主义中的"我"，应该是为共建共享而劳动的"我"。"共同建设、共同享有"，走共同富裕的道路，建设好我们的国家。这就是让诸多的"我"同劳动、共合作、齐分享，这样的"我"才是符合劳动观、劳动伦理的"我"。理解了这个问题，"劳动是为了谁"就可以得出答案了。"我"的劳动，是为了那个符合伦理、将三要素集为一体的"我"，这样的"我"，可以是一个，也可以是无数个。

二、劳动价值的层次

价值和人的需求有关。任何事物，如果不具备满足人的需求的相关属性，就没有价值可言。劳动也是这样，劳动的价值在于满足人的需求。人的需要有浅层次和深层次之分，劳动价值也有层次之分。不能正确理解劳动价值，就不能洞察劳动观的渊源。

（一）生存：劳动的原始意义

生存需要是人最基本的需要。劳动创造了人本身，劳动也维持了人类生存。人类的历史是一部和自然界抗争的历史，人类从自然界分离了出来，形成了高等文明，这是人类的胜利，也是劳动的结果。

劳动满足人的生存需要，这是劳动价值的最低层次。生存需要直接和人的生命相关，生命高于一切。在生产力低下、人类未能开化的年代，人类的劳动形式单一，劳动工具简陋，要获得维持生命的食物都十分艰难，但是人类没有屈服于自然，而是竭尽所能以获取食物。尽管食物的获取并不稳定，且不易储存，但人类生命的种子得到延续。也正是在劳动的庇护下，人们走过了原始社会，这就是原始劳动赋予的价值，与当时的社会劳动状况相联系，产生了符合当时的劳动伦理，照应了后来的"时势造英雄"这句话。在当时的社会历史条件下，凡是劳动突出的人，能帮助人抵御自然的人，都是英雄，受到爱戴。神农氏、尧、舜、禹都是生产和劳动的能手，帮助当时的人抵御自然的冲击。神农氏尝百草，解决了医疗和农耕的一些问题；燧人氏钻木取火，教人熟食，结束了人类茹毛饮血的历史。其他部落的首领，也都在一定的领域有所建树，为部落和文明作出了贡献，用现代的话语来总结：他们是原始部落的"劳模"。

满足人类生命需要的劳动，从生存的视角来看，是十分重要的。但是这种劳动毕竟是一种谋生手段，是一种被动的劳动，更像是一种"不劳动，就会死"的无奈选择。而且劳动过程中经常会受到自然的重重限制，有时甚至还需要"靠天吃饭"。而且在整个劳动过程中，当时的人类不仅面临着"不一定能获取足够食物"的不确定性，还存在着获取食物过程中的生命危险。因此，从心理角度讲，人们是惧怕劳动的，但是又不得不劳动，在这样的危机中，当时的人类选择让年轻、体格强健的男性成为领袖，带领其他青壮年男性外出狩猎，发明工具，尽可能避免危机。人们一次次走出部落，向自然索取，同自然对抗。这是早期的劳动，人类为满足生存进行劳动。不仅是早期，后来的奴隶社会、封建社会都有为了生存而对抗自然的劳动者。

（二）生活：劳动的现实诉求

当前，我国迈向新的征程，为实现中国梦而努力奋斗。我国追求的民族复兴，就是当下劳动的价值目标。即劳动是为了更好地生活。

这是从"劳动为了生存"的禁锢中的突破，人们的价值诉求，从"单纯活着"变成了"活得更好"，开始追求生活质量，人类在辛勤劳动下变得一天比一天更好。无论是中国古代的"四大发明"，还是各个时代的代表发明，都凝结着劳动者智慧的光辉。马克思曾经深情地说道："没有比出世在当代更为美好的了。当人们只用七天就从伦敦到达加尔各答的时候，我们两人早就毁灭了，或者老态龙钟了。"❶可能马克思没有想到，如今从伦敦到加尔各答只需要飞行 10 个小时。人们的衣食住行都发生了深刻的变化，这是前人无法想象的。

这世界唯一不变的就是变化。一切变化都是人类劳动的结果。人类社会的变化，是人类劳动的结果。人类已经走过了手拿寸铁，躬身拾麦的岁月，粗制的工具如今已经被精密的器械所替代，脑力劳动所占的比重越来越高。互联网将人类世界推向新的高度，人们基本的生活方式都因为互联网而改变。互联网不仅改变了生活，还改变了人们的劳动观，如今，"互联网＋"已经不再是一个新鲜的名词，一切智能都将成为可能。网购其实就是"互联网＋销售"，大量的劳动者在此从业。互联网的其他分支也提供了大量的工作岗位，许多行业都完成了和网络的"加法运算"，由此诞生了新的模式和产业。传统行业面临着要么升级、要么淘汰的窘境。一些领域也正在被动地适应互联网的变化，互联网带来的也不是只有利，还有其复杂性与其他弊端。然而，网络改变生活只是"劳动改变生活"的一个缩影，随着人类科技的持续进步，我们的生活会在更大范围上被改变，人类的生活质量将会逐步提升。这是人类从"求生存"到"会生活"的质变。这也更加符合人性、更能满足人的需要、符合社会发展方向，更能激发人的想象能力和创造能力。人们追求的不再只是温饱，更要吃得健康、住得舒心。

---

❶ 马克思，恩格斯.马克思恩格斯全集：第 28 卷 [M].中共中央马克思恩格斯列宁斯大林著作编译局，译.北京：人民出版社，1973：511.

除此之外，还要有更多可支配的时间，更强大的经济能力，更加殷实的生活。

（三）发展：劳动的文明指向

劳动不仅为了满足自身的生存需要，也是个人实现自我发展的重要途径。马克思主义认为，人的一生是一个通过劳动而自我确认、自我创造和自我发展的历史过程。劳动是人的本质形成的一个起点，也是人发展的基础，是社会文明进步的动力。

一方面，劳动可以为人的发展奠定基础。劳动不仅是为了生存和生活，也是为了自身的发展。这也是人和动物的区别之一。动物只需要解决温饱和繁衍的问题，但是人不一样，人是区别于动物的物种。人需要发展，需要财富。马克思认为，人们追求富足和舒适的环境是现实中的人追求幸福生活的自然表现。人的发展所需要的一切条件，都需要靠劳动来创造。劳动为人的发展奠定基础，不仅是为人提供物质材料和精神环境，还包括为人类的发展搭建交往的平台。一个人发展到什么程度，取决于劳动实现的程度。

另一方面，劳动使人的自由成为可能。从劳动者的发展意义层面上来看，劳动不是一个吃苦的过程，而是为了发展而不断自我进步的过程，这是一个享受的过程。劳动者在保证生存正常、生活正常的前提下，继续劳动以实现自身的提高，此时的劳动便成为一种享受，劳动产品就成为对劳动者的一种回报。劳动者的发展是一个循序渐进、逐步开放的过程，也是人的本质不断完善的过程。劳动解放和人的解放是一致的，从自然意义上看，劳动解放就是让人在劳动过程中，尽量减少苦难，增加收获。从社会意义上看，劳动的解放是消灭私有制，实现共产主义，让所有人都能平等地参与劳动和享受成果。人只有成为劳动的主人，才能成为丰富的、全面的人，才能成为社会的主人。只有劳动能实现人的价值，只有劳动能给人带来快乐。

三、劳动价值的关系性

劳动价值是多元的，不是单一的，其多元性体现在与其他范畴的对应渗透方面，具体体现在以下几点。

（一）劳动与幸福

关于劳动与幸福的关系，我们从小就在接受相关的教育。儿歌《劳动最光荣》以欢快的节奏，传递着朴素的劳动价值观。劳动与幸福的关系，历来是学者们关注的重点，这里面蕴含着丰富的劳动伦理。

首先，劳动是一种至善至美的德行。在伦理思想史上，人们把幸福纳入道德范畴。这就是古代所说的"德福一致"。在当下，人们谈到的幸福似乎已经和德行没有关系。这实际上是对幸福本义的一种背离，在追求幸福的过程中，不参考德行，就会产生一系列悖德的现象。幸福是一种德行，劳动本身就是一种美德。劳动是全人类解放自己的美德，人人崇尚劳动，人人歌颂劳动，是人类的美德。

其次，幸福离不开人的需要，劳动是满足人的幸福的基本途径。幸福是一个直接和人接轨的伦理学范畴。没有人的需要，就不会有人的幸福。可以说，幸福也是人需求的一种。人有需要，人有欲望，这都是最基本的人性。然而人的需要也不尽相同，不同的人有不同的需要，所以不同人的劳动幸福观也不一样。不同的人之所以将不同的需要视为自己的幸福，关键在于人的尺度。这种尺度的标准不是固定的，甚至同一主体由于其所处环境的不同，其情感波动情况也各不相同。

再次，幸福是一种对未来生活的指向。劳动的美好不仅在于发展自身，还在于创造未来。幸福既可以是当下的一种生活，也可以是未来指向。事实上，人们总是不会满足于现有的生活条件，即使是在外人看来已经足够幸福。幸福是一种主观上的感受，不同的人对幸福的定义也不尽相同。因此，幸福更重要的意义在于指向未来，获得更大的幸福，这也是人们前进的动力。让人有梦想，并让人为之奋斗。指向未来的幸福是尚未实现的希望，有了希望，人们便会通过劳动将其实现。劳动有神奇的功能，有迷人的魅力。劳动的魅力就在于把理想变为现实的能力，能将宏伟的蓝图落地生根，能把理念中的事物呈现在眼前。这一切的背后，都需要由劳动创造。

（二）劳动与交往

当代社会是一个交错纵横的社会，世界是交往的世界，个人是网络中的个人。个人的交往关系也关系着人的发展和自我价值的实现。交往也是马克思主义哲学的重要概念，交往始终与劳动者的劳动同在，要想理解交往，离不开对劳动的分析。人与人之间关系的形成，主要的动力、形式和实质内容都体现在劳动上。

1. 劳动：交往的诱因

交往不是人类的固有"天赋"，其是随着劳动的发展得以产生和发展的。离开劳动，交往就不会进入人类社会体系之中。交往发生在不同的社会个体之间，人与人结合的环境才是产生"交往"的环境，人与人之间的关系产生交织才能出现交往。历史上，最初的人类交织原因并不是出于家庭因素，而是出于劳动因素。先有劳动组织来维系生存，再有家庭组织来维系生活和发展。在特定的年代里，"抱团取暖"的成效和优势远大于"单打独斗"。确定的劳动组织带来的生存优势，明显大于母系社会下不确定的家庭组织。劳动开启了人类交往的篇章，人类的劳动需要交往来维持劳动的社会属性，劳动也促进了交往。在合作劳动中，人与人之间的交往水平也在逐步提高，交往工具也在发生变化，交往的内涵也更加丰富。马克思主义认为，对科学技术的需要，是生产和交往扩大化的成果。随着交往的扩大，新的竞争又对新技术产生要求，交往成功推动了社会生产力的变革。由劳动引起，在劳动的助推下，交往的程度越来越深。

2. 同在：劳动与交往

同在是共同存在的意思，这就意味着主体和客体同时在场，生活在同一个交往系统中。这里有着深刻的哲学意义，人本身就是一种存在，交往也是人存在的基本方式，在人所有的交往实践中，劳动是最主要的交往方式。因此，要想实现同在，就离不开交往。人一旦被隔离，即使他有自己的劳动，交往也不会存在，以致无法达到同在的境界。古代有人隐居山川，过着诗情画意的自给自足的生活，但是真正能留名青史的，大多是那些撰写诗词文章，并在外界帮助下流传百世的人，其余的隐士都在岁月的长河中回归自然。撰写诗文，是他们被世人所知的唯一途径。这是他们通过劳动与世界同在的方式。现代社会，人仅存在于虚拟空间是不对的，还要生活在现实的生活中，人是群居动物，天生需要社群生活。交往的意义就在于此，对人格化的组织，甚至国家来说亦是如此。

3. 交往是实践的产物

劳动不仅创造出了人们需要的物质生活条件，而且还促进了一定社会关系的形成。马克思强调人的全面发展必须以实践交往为依托。"交往实践"不是马克思主义哲学的核心，但是"交往"和"实践"均是唯物主义哲学重要的概念，二者统一在劳动中。马克思主义交往哲学是实践基础上的哲学，归根到底是劳动哲学。❶劳动也有其科学社会主义的立场。在这个意义上说，社会主义也是"劳动论"。一个人的发展程度和价值实现的程度，和其承担的社会角色有关。社会关系又和个人发展程度有关，最根本的社会关系还是劳动关系。其实，抛开哲学，放眼现实，一个人从事什么样的劳动，是参与物质生产还是精神生产，这些选择都不重要。只要能脚踏实地，契合个人追求，都能在自身的岗位上找到成功的元素和幸福。问题在于，我们如何将劳动看作一种幸福？一个人一生的劳动时间很长，只有对自己从事的行为感到愉悦才会感到幸福。那么怎样的生活才是幸福的？我们要做的就是，想办法给劳动注入幸福的元素，发现幸福，进而改善人们的生活条件和劳动环境。

（三）劳动与生态

生态，是人类永远绕不开的话题。从最初的反抗自然，到今天的破坏自然。人类终于明白：和自然和解才是唯一的道路。生态问题频频出现在公众视野，保护生态已

---

❶ 马唯杰.劳动伦理研究 [M].苏州：苏州大学出版社，2017：145.

经到了刻不容缓的地步。尤其是近年来，极端天气越来越多，仅2022年一年的生态问题，都让人触目惊心。生态的问题甚至让人类回到了"求生存"的起点。生态问题已经超越了国别、种族和意识形态，成为人类不得不共同面对的问题。我们不禁自问，在自然面前，人类究竟需要扮演一个什么角色？

1. 自然和劳动：是征服还是合作

"生态"是人类发展的一条底线。生态性蕴含共享发展的理念。生态质量是一切社会关系的基础，是人类文明的自然保障。共享发展不仅是物质财富的共享，也不仅是社会结构的调整，其中还包括美化生态，实现人与自然和谐相处的共享。从理论形态上说，共享发展是遵循自然、社会和谐共存的发展，这是对自然规律的尊重。是长期的发展，利于后代的发展。自然，地球作为人类的共居之地，规范着人类发展的合理性和环境的承载能力，自然条件直接决定了人类发展的合法性。没有宜居的环境，一切共享都会面临自然的审判。现实中的生态危机，警示世界各国要奉行"绿色发展"的理念。

人与自然的关系是复杂的关系，不同的学科有着不同的认识角度。但是有一点是公认的：人类离不开自然。也就是说，劳动也离不开自然。离开了自然界，人类几乎创造不出来任何事物。但是，问题在于，自然能否离开劳动而存在？答案是肯定的。自然本身不需要劳动，也不需要被劳动。没有经过加工的自然是"天然的自然"，是自然的本来面目。人类的劳动和改造自然不会影响自然的存在方式，只能改变自然的样貌，人类劳动无法逃脱自然规律的制约。由于自然在劳动过程中往往处于被动的地位，"人定胜天"的观点一直很有市场。在原始社会，天气变化、猛兽出没、山体崩裂、河流改道都是让人害怕的自然现象，缺乏科学知识的原始人将此看作神的干预。人与自然的博弈从此处便刻下印记。既然劳动离不开自然界，而自然界又不存在"被劳动"的需要，那么劳动和自然的关系是征服还是合作就不言而喻了，如果一定要割裂自然和人类的关系来说，自然界就是人类的伙伴。既然是伙伴关系，那人类在发展过程中就不能只考虑自身利益而不顾自然界的利益。人类应该本着平等自愿的原则与自然界进行交往，没有任何理由可以将人类的利益强加于自然界之上。

2. 劳动的困境：增长有没有极限

在历史长河中，人们已经愈发认识到劳动的伟大，越来越多的人感受到经济增长所带来的变化。凭借着劳动，人类能向苍穹发射、能向深蓝探测，科技的进步赋予人类极大的信心。古时候人类抬头仰望星空，希冀从中看出太空的奥秘，今天人类抬头看着每一颗星星，心想总有一天能取回上面的1克土壤。劳动似乎给予了人类无限的未来。然而我们不禁会思考一个问题：劳动是否无所不能？

20世纪六七十年代，资本主义处于高速增长时期。人们陶醉在工业革命的伟大胜利中。但是当时已经有学者敏锐地察觉到了异样，1962年蕾切尔·卡逊的《寂静的春天》和丹尼斯·梅多斯等人所著的《增长的极限》两本著作出世，其共同的观点都是对人类自大的批判，对人类无边界地向自然索取的质疑，主张人类应该重视自然环境。这在当时并没有引起重视，特别是利益相关者，他们完全不认同其中的内容。直到后来，人类开始面临自然灾害的问题，现实让人们不得不重新思考。人类在自然的惩戒中幡然醒悟。在《寂静的春天》中，鸟儿不再鸣叫、小河不再流淌、孩子不再玩耍、小鸟不再破壳，一切都没有了，只有寂静覆盖着田野、森林和沼泽。这是人类征服自然的结果。在《增长的极限》中，作者提出了著名的人类困境：如果人类片面追求经济的增长，必然导致增长的极限。这是因为，环境承载的容量是有限的，自然没有国界，人们应该对地球自然保持重视。现实的情况是，一些国家意识到，也最先意识到环境保护的重要性，他们开始保护本国自然环境，却将掠夺的矛头转向了他国。这样是有效的，但也只是暂时有效。

3. 保护生态：劳动有没有边界

劳动也有一个"度"的问题。没有劳动，人类不会进步，但是劳动过度，也会影响到环境。在生态保护面前，人类应该对自身的劳动行为有所收敛，在符合生态伦理的边界内进行劳动。"己所不欲，勿施于人"的名言同样适用于环境建设。秉持"自然受制于人"的思维模式，消耗大量自然资源来换取的发展，都应该被叫停；凡是引起生态恶化的事件，都应该得到遏制。劳动者不应是自然的征服者，应该做自然的调节者，自觉维护生态系统的和谐和稳定。任何文明的起步都因与自然和谐相处，任何文明的衰退都源自对自然的过度索取。古巴比伦文明诞生于土壤肥沃的两河流域，毁灭于对森林的肆意破坏；盛极一时的玛雅文明发端于热带雨林，衰退于人口压力和土壤问题；撒哈拉沙漠曾经水草繁盛，终究因为草原被过度啃食成为生命的禁地。人类古文明不止一次依托良好的生态建立家园，又因为生态恶劣而被迫陷入不断迁徙的循环。人类应该对自然保持敬畏之心，应该有边界意识，以破坏其他生物的生存环境为代价来换取发展是狭隘的行为。人类如何对待自然，也就是如何对待自己。

那么，人类的劳动行为应该如何与自然和谐发展？

首先，实践劳动要和生态和谐保持一致。生态思维是一种现代文明对以往对抗自然的思维超越。生态思维集中表现为，人们关于生态环境和经济社会发展关系的理性认识和价值选择。完整意义上的生态思维主要应包含以下几点：良好的生态环境构成经济社会发展的基本元素；强化生态和经济繁荣相辅相成；在人与自然冲突面前，坚持生态优先。

其次，推动绿色生产，生产方式绿色化。这就要求我们走新型产业化道路，转变经济发展方式，寻找切实有效的路径：必须提高科技含量，控制能源消耗和碳排放，减少污染物的排放；大力发展绿色产业，发展清洁产业，致力于提高绿色制造业的产能，致力于提供有益于人类健康的绿色产品；倡导绿色消费，生活方式绿色化。这分别是从宏观、中观和微观领域进行规划，既要发展绿色科技，也要提倡绿色生活。绿色生活更加强调公众的日常行为，如强调节约一度电、一张纸和一粒米，让绿色成为一种社会风尚。

劳动创造了灿烂而辉煌的文明，劳动推动了历史的发展，促进了人类的进步。劳动让一代又一代的人过上了更加幸福的生活。今天，我们都是历史长河中的劳动者，用劳动维持家人和自己的生存、发展，也在为社会积累着财富。古人云：自食其力。实际上，这正是教育我们要成为自己的主人，做劳动的主人。正是每个劳动者在自食其力地劳动，也为社会积累着财富，才有了我们今天的发展。我们需要回归到劳动应有的伦理本性之中，关注劳动者，去探寻劳动观的渊源。我们十分注重劳动的结果，但是忽视了劳动结果产生的过程，这不是我们提倡的劳动观。倡导共享发展下的劳动伦理，需要真正解决劳动过程中的伦理问题，把劳动者置于突出位置，把劳动者应有的地位和话语权还给劳动者。

第二节　马克思主义劳动观

一、马克思主义劳动思想

马克思主义价值观里，劳动价值观有着不可或缺的地位。劳动观是马克思主义唯物史观的基本点和立脚点。马克思认为，劳动的主要含义是人类通过改造自然使之适合自身的需要，同时在改造自然的过程中改造自身。"世界历史不外是人通过人的劳动而诞生的过程" ❶。

在《1844年经济学哲学手稿》中，马克思将劳动表述为真正的劳动应该是一种自由自觉的活动，是生命本质的体现。每个人都应该在劳动中体验生命的意义，劳动是人类的生存需求也是精神需要。劳动过程是创造物质财富的过程，也是创造精神财富的过程，只有两方面均获得满足，人才能不断地发展并感到幸福。马克思认为，劳动是改造世界的活动，同时也能改变自身。职业选择、劳动目的、生产效率都取决于劳动者本身，对劳动幸福感的体会也取决于劳动者本人。劳动应该是幸福的，这是体面

---

❶ 马克思，恩格斯.马克思恩格斯全集：第42卷[M].中共中央马克思恩格斯列宁斯大林著作编译局，译.北京：人民出版社，1972：131.

劳动的核心。劳动者的劳动体验还受到社会制度、劳动环境等因素的影响。然而，劳动中的人如何追求幸福感，既取决于社会环境，也取决于个人价值判断。马克思认为，人和劳动是不可分割的，要在劳动中尊重人的主观能动性，坚持以人为本的理念，要通过劳动实现人类的幸福快乐。他的看法构建了体面劳动的思想基础。

马克思认为，在剥削制度下，两种"不体面"的状态都与劳动有关。第一种是无劳动不体面，这是资本主义剥削制度导致的，劳动者如果不能出卖自己的劳动力，劳动者就会面临生存危机。这可以概括为几种情况：沦为难民；打零工维持生计；举债度日；为了获得工作被迫从事不体面的劳动，如偷盗和诈骗。第二种是有劳动也不体面。这是说劳动者的人格尊严无法得到应有的保证，收入低于应得，无法过上体面的生活。这时候的劳动者完全变成阶级剥削的工具。而剥削阶级则过着优越的生活，有着体面的收入。

马克思认为，劳动者可凭高质量劳动和多量的劳动获取更多的劳动收入，从而保证生活物质基础。但是资本家眼中，劳动者只是生产工具的一部分。很长一段时间内，劳动者只能获取生活所需的物质资料，一旦生活成本提升或者失去工作岗位，劳动者便无力支撑生活所需，从而加剧家庭贫困的窘况。资本主义社会中，劳动者无法获取体面的劳动岗位，无法获得劳动自由平等的机会，从而使自己陷于困境之中。因此，马克思的劳动价值观更期望劳动者可以通过劳动获得体面的生活，享有劳动尊严并感到幸福，这才是人类劳动意义的所在。所以，马克思主义也将劳动视为人的基本权利。劳动本身就是人类的一种权利，既可以给劳动者提供生存方式的价值，也可以给劳动者表达自身、获取尊严、赢得社会认可的价值。

从马克思主义的终极理想来看，实现共产主义的宏伟目标与解放人类是分不开的，是努力实现体面劳动的最终意义。人的自由发展是个持续的过程，在劳动关系中，平等就业和自主择业都处于关键位置。"按劳分配"是社会公正的一部分，强调劳动者应该获取与其劳动量对等的劳动报酬。劳动者参与社会生产实践活动，就应当劳有所得，在社会分配过程中，要消除脑力劳动和体力劳动的差别，无论从事何种劳动都值得被尊重和认可，尤其是对于相对贫困的劳动者而言。马克思认为，人格尊严是劳动者必备的，能让人变得崇高、与众不同，在社会中凸显自身价值，体面的劳动不仅是实现人的自我价值的需要，还是让劳动者感到幸福的重要因素。马克思的和谐思想主要体现在人与社会的和谐方面，这需要一个长期的过程才能实现。马克思深入分析了资本主义经济发展模式，创立了唯物史观和剩余价值理论，描绘出人类理想社会的蓝图。在理想社会，社会的和谐取决于个人的自由发展，每个劳动者都有机会从事体面劳动，只有二者结合，才能使劳动者按照主观意愿去参与社会的劳动生产。❶

---

❶ 刘佳音. 体面劳动的马克思劳动观渊源研究 [D]. 东北财经大学，2015：26—27.

马克思主义认为，教育与物质生产的结合是提高社会生产力和培育新一代劳动者的重要途径。现代教育是帮助生产达到现代科学技术水平的必要手段，现代生产则是让现代教育满足科学发展的基础。为此，教育同劳动的结合有利于二者的共同进步。马克思所讲的教育与劳动结合，既包括劳动者从理论和实践方面掌握现代技术，也包括学校教育的课程以及相应的实践机会，以便于日后参加生产实践时能掌握必备的理论和技能。

马克思认为，影响生产力的因素主要有五方面：工人执业的熟练程度；科学技术的发展水平和应用水平；生产过程的结合程度；生产资料的规模效能；自然条件。这五方面因素可以归结为两大类：物质资料和劳动者。无论是技术的进步还是劳动力的熟练程度，都同教育有直接的关联。由此可见，教育对于提高劳动生产效率起了十分重要的作用。

马克思所讲的理性和商品经济的发展有关，资本主义发展自身就蕴含着理性精神。这是因为商品的生产离不开商品交换，而完整的商品交换链条又离不开人的抽象能力。商品交换的过程中必须运用一定的价值尺度，而对价值尺度的把握必须理性、抽象。正是商品经济的不断发展，商品交换的普遍化，才产生了通过理性抽象出来的一般社会劳动时间，即在现有社会正常的生产条件下，在社会平均的劳动熟练程度和劳动强度下，制造某种使用价值所需要的劳动时间。市场经济以交换价值为直接目的，使得劳动越来越抽象化、一般化，市场交换行为中的价值判断以社会生产单位个体的平均劳动时间作衡量。以上原因使得理性精神在市场经济中牢固确立，为了谋求利润，资本家需要精心筹划商品生产，合理控制成本，积极引进先进的科学技术来提高生产效率和产能，人的理性开始向工具理性过渡；不断市场化的运营，使得人的意志向资本意志过渡，这时候资本就好比一辆不断奔腾的马车，资本家无法凭个人意愿让其停止或运行，资本则可以轻松控制劳动者，彼时的资本家也只是一个驾车的。

苏联解体后，许多资产阶级经济学家认为，资本主义的生产方式与资本主义政治、资本主义文化观念的契合度十分高，是人类"最后一种统治形式"，历史将会终结于资本主义经济下的自由民主制度。在他们看来，在资产阶级革命完成后，人类历史发生了翻天覆地的变化，人类文明呈现指数级发展，技术进步、生活富足、精神丰盈等现象都表明，资本主义制度是最适合人类文明的制度。在马克思看来，问题远没有看起来这么简单。他认为，资本主义社会自由的是资本而非劳动者，普通劳工并没有因为社会进步而在生活上轻松，反而因为大机器生产、流水线作业、机械化分工等工作方式而变得更加片面，导致其失去了全面发展的可能。

二、马克思主义劳动观的基本观点

（一）劳动与人的全面发展

马克思主义致力于人类的解放，人的发展和自由一直是马克思孜孜以求的理想。推翻和扬弃"物化的人"，实现"自由人的联合体"，一直都是马克思的理论关切。

当今社会正在发生深刻变革，人类的生存和发展均面临着挑战。从世界史观的角度看，现代化的过程就是市场经济取代自然经济的过程，是封建社会向现代社会变革的过程。因此，现代化深层次地影响了现代人的思想观念和行为方式。现代化，是个前所未有的科技改变自然的过程，也是一个个体社会化的过程，等价交换原则渗透在社会关系的全部方面。这就造就了人的生存方式现代化与人的生活方式物化的矛盾。市场经济下，人对物的依赖已经严重影响了人的独立，造成"把一切都沉浸到金钱的冰水当中去"的现实状态，这也是人物化的状态。马克思主义认为，只有实现人的全面发展，保证个人的主体性和独立性，增强个人的自我主体意识，才能冲破人与社会矛盾所构成的枷锁，促进人类社会走向最终的文明。

而人的自由、全面发展，取决于劳动本身的发展。在资本社会，劳动的目的不是创造使用价值，而是创造交换价值，劳动者拼命劳动，最终被资本控制，人的价值被衡量为劳动价值。同时，商品交换不再是某个领域的专属活动，而是参与社会生活的各个方面。在这样的社会条件下，人的社会生活发生严重扭曲。而追求人的自由，追求思想解放本应该是启蒙运动以来最高的价值追求，但是工人却受到前所未有的剥削，资本主义只是让资本家变得更好而非世界变得更好，这在某种程度上给人类文明带来严重摧残。卢卡奇就曾讲道："随着对劳动过程的现代心理分析（泰罗制），这种合理的机械化一直推行到工人的'灵魂'里，甚至他的心理特性也同他的整个人格相分离，同这种人格相对立地被客体化，以便能够被结合到合理的专门系统里去，并在这里归入计算的概念。"[1]这就说明，如果不扬弃资本制度下的劳动生产，体现出劳动的本质，劳动就会一直是资本增值的工具，劳动者就不能实现全面发展。马克思勾画了共产主义社会蓝图，在共产主义社会，劳动不再是资本的工具，而是个人生活的第一需要，人将劳动作为自身发展的途径，人有充足的时间从事展现人格、才智、个性的劳动活动，并基于此成为具备全面素质的人。

（二）对劳动的实然价值与应然价值的讨论

劳动的实然价值是指在现实生活中，劳动已经满足人们的需要且成为人们公认的价值状态。这主要包括两方面：

---

[1] 卢卡奇.历史与阶级意识[M].北京：商务印书馆，1992：149.

一方面，劳动具有无可辩驳的"生存价值"。这是从客观的角度出发描述的，劳动对于维系人类生存具有绝对意义上的正向价值。自然界不能天然地满足人类的各种需要，劳动将天然自然改造成适合人类发展的人造自然。

另一方面，劳动具有"区别价值"。动物仅仅利用外部自然，根据自然界的变化做出对应的反应，但是人类却可以改变自然界的样貌，来实现让自然界为人类服务的目标。这是人和动物的区别，劳动造成了这种区别。动物凭借本能来对自然做出反应，本能是动物的全部；人则是依靠劳动来实现自身，本能是人存在的基础。这是人和动物的区别。

除了实然价值，劳动还有应然价值。应然价值是劳动应该满足人需要的状态。与实然价值不同，应然价值是一种理想价值。从这个层面上看，劳动能满足全方位的需要。这些需要的满足离不开人类劳动，因为劳动的创造性和效率的提升不仅有利于生产出维持生存所需要的物质产品，由于剩余产品的出现，体现人的超越性的各种非生存性活动和需要的满足也成为可能。这就是说，劳动蕴含应然价值的可能性，但这些应然价值的体现和实现要以实然价值为基础。

（三）对劳动价值的选择性彰显的社会制度原因的探讨

劳动价值的选择性彰显是应然价值和实然价值之间的一道鸿沟，这道鸿沟是人为造成的。劳动价值具有客观性，也具有社会建构性。劳动的实然价值与应然价值存在鸿沟的根本原因在于社会制度，劳动有没有价值以及价值的高低，往往是社会构建的。劳动既有客观性，也有主观性。在不同的社会制度里，劳动对人的价值不尽相同。

马克思倡导辩证地看待劳动在资本主义社会的价值现状。一方面，资本主义崇尚科学，促进了民主精神，取代了封建主义制度，解放了生产力。而且，资本是孜孜不倦地追求财富的，驱使他们劳动超过自身所需的界限，这为未来发展丰富的个性创造出物质要素。另一方面，他认为，资本主义社会的劳动是狭隘的劳动价值状况。劳动者只是资本追逐利益的工具，劳动者从事劳动也仅仅是为了谋生。这就导致物质产品在增值，但是劳动者的劳动价值在贬值。资本主义巨大的生产力原本可以让人摆脱人为谋生而老的短视现象，但是资本主义并没有将劳动者的发展考虑在内。原本的生产力可以更加人性化，但是资本主义世界的结果却适得其反。从这个意义上讲，资本主义的社会存在必然的灭亡性质。这是其灭亡的根源，无法将劳动的价值淋漓尽致地体现，这意味着劳动的应然价值会在未来的理想社会中全面体现。

第三节　中国特色社会主义劳动观

作为改革开放的总设计师，邓小平提出"建设中国特色社会主义"的宏伟蓝图，中国特色社会主义劳动观也随着改革开放的进程逐步确立，后随着几任领导人的耕耘，中国特色社会主义劳动观不断被丰富，从而实现了自我发展。

一、邓小平对中国特色社会主义劳动观的确立和发展

马克思主义思想不等于马克思的思想。由于时代的局限性和马克思所处年代的主要历史任务不同，如何在当代社会主义实践中，践行马克思主义劳动观，辩证处理劳动的谋生价值和人文价值的关系，这是马克思本人和其思想无法探讨的问题。邓小平在继承的基础上发展了马克思主义，构建出符合中国国情的社会主义劳动观，这就是中国特色社会主义劳动观。这种观念的发展有以下体现。

（一）追求劳动者的自由解放是社会主义的本质

邓小平继承了马克思劳动观中的人文主义思想，强调劳动的人文价值和人本身的意义，认为追求劳动者的自由和解放是社会主义的本质。

囿于制度方面的不完善，资本主义制度下不能实现人的解放。邓小平认为，无论资本主义如何发展，都不会停止对劳动者的剥削，因为资本家本身也在为资本服务。社会主义是以劳动者的解放为宗旨的，解放生产力是社会主义的诉求。从表面上看，邓小平是从经济层面对社会主义的本质进行界定，而实质上是从人文层面开展的。这一界定的实质就是强调劳动者的积极性和劳动效率。在邓小平的视野中，追求劳动的自由和解放是与社会主义生产方式的建立同步展开的。劳动者解放是一个历史过程，绝不是一蹴而就的浪漫主义行为。

（二）追求劳动者解放要把发展生产力作为国策

通过政策来保障劳动的生存价值，是其他任何价值的基础。追求劳动解放，首先需要发展生产力，这也是社会主义国家的基本国策。

没有劳动的生存价值，劳动的人文价值更是无从谈起。劳动是人类社会存在的基础，这在实际生活中有着深刻体现，生存和发展都直接依赖于劳动。正是基于这一理念，邓小平提出了"以经济建设为中心"的口号。1992年，邓小平又将发展生产力作为社会主义本质的重要内容。同时，邓小平指出，"以经济建设为中心"的社会主义初

级阶段的基本路线要管一百年，不可动摇。这其实就是指这一政策的稳定性，稳定的政策源于社会发展规律的客观性。随意变更政策，是违背规律的行为，必然会受到规律的惩罚。

（三）改革就是解放生产力和解放劳动者

发展生产力就是要解放生产力，解放生产力就是要解放劳动者，解放劳动者就需要改革。改革是社会主义制度的自我完善。邓小平认为，改革和革命是一样的，都是扫除发展社会生产力的障碍。改革可以解放和发展生产力，解放生产力就是等于解放劳动者。生产力有三要素：劳动者、劳动资料和劳动对象。在三者中，劳动者居于核心地位，后者是前者的载体。在三者中，只有劳动者被解放，才能实现整体意义的解放。邓小平认为，用改革来营造公平的社会氛围，有利于激发劳动者活力。邓小平认为，不论是经济体制改革还是科技体制改革，都是服务于劳动者的改革。从解放劳动者的角度来看，改革是尊重劳动者自主权的体现，能调动劳动者积极性。邓小平指出："农村改革之所以见效，就是因为给了农民更多的自主权，调动了农民的积极性。"❶城市经济体制改革也需要将自主性还给企业和基层，以此调动工人和知识分子的积极性。因此，改革是通过宽松环境来保证劳动者积极性的正确发挥的。

（四）解放劳动者就必须正视劳动者之间的差异

改革解放劳动力，就要尊重劳动者的差异，允许一部分人先富起来，讲究劳动的效率。

解放劳动者就必须正视劳动者之间的差异，这种差异甚至是天然的，是客观的。逻辑上，就必然会出现先富的情况。这实际上是对以往"吃大锅饭"的一种否定。

尊重差异需要引入竞争，建立激励机制。邓小平指出，社会主义和市场竞争之间不存在根本性的矛盾。所有制方面，公有制可以转变为"以公有制为主体，多种所有制经济共同发展"。这实际上就是引入了竞争机制，借此来调动劳动者的积极性。邓小平指出："如果不管贡献大小、技术高低、能力强弱、劳动轻重，工资都是四五十块钱，表面上看来似乎大家是平等的，但实际上是不符合按劳分配原则的，这怎么能调动人们的积极性？"❷

（五）通过科教来消除劳动者劳动能力之间的差别

邓小平也坚持人的全面发展和进步，强调人的发展价值，他认为尊重差异也要减

---

❶ 邓小平.邓小平文选：第 3 卷 [M].北京：人民出版社，1993：242.

❷ 邓小平.邓小平文选：第 2 卷 [M].北京：人民出版社，1994：30—31.

少劳动者之间劳动能力的差别，实现共同富裕。

尊重劳动者劳动能力和劳动成果的差异性，不代表劳动者的这些差异就是合理的。相反，邓小平认为需要提高劳动者的教育水平，来减少彼此之间劳动能力的差异。这符合马克思主义人的全面发展的主张。人是可塑的，是可以后天培养的，并非天然定型。人的劳动能力有差异，但是更多的劳动技能都是可以通过后天学习获得的。后天的技能塑造，离不开教育事业的发展。

从横向层面上看，科教事业能直接实现劳动者结构知识化和专业化，促使劳动者提升脑力劳动的比重。这也是人类社会发展的总趋势和大规律。劳动者只有具备现代的科学技术文化和先进的劳动技能知识水平，才能在现代社会发挥更大的作用。从纵向层面来看，科技是促进不同时期劳动者技能提升的重要动力，劳动者的差别体现在劳动成果上。而科教则可以迅速提升劳动成果的质量和数量。邓小平又提出经典论断："科学技术是第一生产力"。

科教是为了提升劳动者素质，使劳动者善于发挥其自主性和积极性。直至今天，科教在塑造劳动者整体素质中仍有不可磨灭的作用，这种作用仍旧是与日俱增的提升。现代劳动不再是经典的经验型、体力型劳动，在科技加持下，已经越来越倾向于知识性劳动。邓小平也十分重视知识性劳动，他认为这能满足群众多样化的需要，更具有人文价值。他指出，我们国家国力的强弱，越来越取决于劳动者的素质。随后，他又在"科学技术是第一生产力"的基础上，提出了"尊重知识、尊重人才"的主张，强调重视知识分子。

二、江泽民、胡锦涛同志对中国特色社会主义劳动观的丰富和发展

以江泽民同志、胡锦涛同志为代表的共产党人，继承了邓小平同志"深化改革、继续开放"的理念，逐步发展改革开放，坚持中国特色社会主义，更加重视教育在改革中的意义，更加重视劳动者的劳动质量，劳动教育成为大众教育中重要的一环，这为加快社会主义现代化建设提供了有力支持。1990年，党在"八五"计划中提出，"继续贯彻教育必须为社会主义现代化服务，必须同生产劳动相结合，培养德、智、体全面发展的建设者和接班人的方针，进一步端正办学指导思想，把坚定正确的政治方向放在首位，全面提高教育者和被教育者思想政治水平和业务素质"。劳动教育本身是为中国特色社会主义服务，劳动观有一定的政治属性。

1993年，中共中央、国务院发布的《中国教育改革和发展纲要》重申，"各级各类学校要认真贯彻'教育必须为社会主义现代化建设服务，必须与生产劳动相结合，培养德、智、体全面发展的建设者和接班人'的方针"。 1995年颁布的《中华人民共和国教育法》第五条规定："教育必须为社会主义现代化建设服务、为人民服务，必须与生产劳动和社会实践相结合，培养德智体美劳全面发展的社会主义建设者和接班

人。"这是以教育基本法形式确定的国家教育方针。

胡锦涛指出，"我们要大力弘扬伟大的劳模精神。榜样的力量是无穷的。劳模精神，是我们伟大民族精神的重要体现，是激励我们奋勇前进的重要精神动力"❶。他认为："全党同志和全国人民都要以劳动模范和先进工作者为榜样，学习他们忠于党和人民的伟大情怀，学习他们坚信中国特色社会主义事业必胜的坚定信念，学习他们脚踏实地、埋头苦干的优良作风，坚定信心、振奋精神，立足本职、扎实工作，信心百倍地投身全面建设小康社会的伟大事业。广大劳动模范和先进工作者要珍惜荣誉、谦虚谨慎，发扬成绩、再接再厉，为党和人民再立新功。"❷胡锦涛说明了劳动模范的榜样力量，同时也号召大众学习榜样的观念。这强调的是劳动观念的社会主义性质，本身就要为社会大众服务的性质。同时，也强调了劳动观和教育进一步结合的特点。

三、习近平对中国特色社会主义劳动观的丰富和发展

习近平同志在继承的基础上发展了马克思主义劳动观，提出了代表性的基本观点。

（一）劳动的正向价值

习近平认为，劳动是沟通现实和理想的桥梁，是将理想转化为现实的重要途径。在相关论述中，习近平提出了创新点，归纳如下。

第一，劳动两源泉，劳动是财富的源泉和幸福的源泉。劳动不仅能带来物质财富，还能带来精神财富，这是我们熟知的内容。但是劳动是幸福的源泉，是我们常常忽视的。

第二，三类劳动统一，即辛勤劳动、诚实劳动和创造性劳动三维统一。这就意味着现代劳动，本身就富含艰苦奋斗、诚实守信和开拓创新的理念。这是一个统一整体，三者不可分割。

第三，诚实劳动三大价值：实现美好梦想、破解发展难题、铸就生命辉煌。

第四，劳动的民族价值，即劳动创造民族存在、民族历史、民族未来。劳动的价值不仅局限在个体上，也能延伸到集体和民族中，劳动对民族文化和民族发展都具有无可比拟的价值。劳动创造了中华民族，造就了辉煌的历史，也必将创造我们的未来。

（二）劳动观的特性

习近平认为，马克思主义劳动价值观是科学性和形态性的统一。一方面，劳动价

---

❶ 胡锦涛. 在 2005 年全国劳动模范和先进工作者表彰大会上的讲话 [N]. 人民日报，2005-04-30.

❷ 胡锦涛. 在 2005 年全国劳动模范和先进工作者表彰大会上的讲话 [N]. 人民日报，2005-04-30.

值观是劳动规律的反映,这说明的是劳动的合理性。习近平指出:"劳动是人类的本质活动,劳动光荣、创造伟大是对人类文明进步规律的重要诠释。"❶这体现的是劳动的科学性。另一方面,劳动观有一定的意识形态属性,社会主义劳动观必然和资本主义劳动观有所不同,不同时期的社会主义劳动观也不尽相同:凡劳动和创造皆值得尊重和鼓励;"四个尊重"中尤其要尊重普通劳动者和自食其力者,因为现实中尊重普通劳动者难。习近平认为:"我们的根扎在劳动人民之中。在我们社会主义国家,一切劳动,无论是体力劳动还是脑力劳动,都值得尊重和鼓励;一切创造,无论是个人创造还是集体创造,也都值得尊重和鼓励。全社会都要贯彻尊重劳动、尊重知识、尊重人才、尊重创造的重大方针,全社会都要以辛勤劳动为荣、以好逸恶劳为耻,任何时候任何人都不能看不起普通劳动者,都不能贪图不劳而获的生活。"❷

(三)劳动观的(个性化)实现

关于劳动价值观的实现,习近平提出了非常丰富的思想。在这些思想中,他尤其注重以下三种实现形式。

一是知行合一、贵在落实。全社会都要崇尚劳动,以劳动为荣。这不能停留口头上,止步在宣传上,必须落到具体的实处。

习近平认为,劳动观要始终坚持人民主体地位,调动劳动者的三性——积极性、主动性、创造性。积极性强调人民群众的主观倾向,主动性和创造性强调劳动观指引下的实践行为。体现了尊重人民首创精神的劳动意识,将创造社会文明的理想和力量隐藏于工人阶级和广大劳动群众的无限智慧中去。

二是将促进劳动者发展作为国家战略。习近平指出:"在前进道路上,我们要始终高度重视提高劳动者素质,培养宏大的高素质劳动者大军。劳动者素质对一个国家、一个民族发展至关重要。劳动者的知识和才能积累越多,创造能力就越大。提高包括广大劳动者在内的全民族文明素质,是民族发展的长远大计。面对日趋激烈的国际竞争,一个国家发展能否抢占先机、赢得主动,越来越取决于国民素质特别是广大劳动者素质。要实施职工素质建设工程,推动建设宏大的知识型、技术型、创新型劳动者大军。"❸"我们一定要深入实施科教兴国战略、人才强国战略、创新驱动发展战略,把提高职工队伍整体素质作为一项战略任务抓紧抓好,帮助职工学习新知识、掌握新技

---

❶ 习近平.在庆祝"五一"国际劳动节暨表彰全国劳动模范和先进工作者大会上的讲话[N].人民日报,2015-04-29(002).

❷ 习近平.在庆祝"五一"国际劳动节暨表彰全国劳动模范和先进工作者大会上的讲话[N].人民日报,2015-04-29(002).

❸ 习近平.在庆祝"五一"国际劳动节暨表彰全国劳动模范和先进工作者大会上的讲话[N].人民日报,2015-04-29(002).

能、增长新本领，拓展广大职工和劳动者成长成才空间，引导广大职工和劳动者树立终身学习理念，不断提高思想道德素质和科学文化素质。"❶

三是通过发展社会主义民主来保障和发展劳动者民主权利。习近平指出："我们一定要发展社会主义民主，切实保障和不断发展工人阶级和广大劳动群众的民主权利。要坚持党的领导、人民当家作主、依法治国有机统一，坚持工人阶级的国家领导阶级地位，加快推进社会主义民主政治制度化、规范化、程序化，坚持和完善人民代表大会制度，推进协商民主广泛多层制度化发展，促进人民依法、有序、广泛参与管理国家事务和社会事务、管理经济和文化事业。要推进基层民主建设，健全以职工代表大会为基本形式的企事业单位民主管理制度，更加有效地落实职工群众的知情权、参与权、表达权、监督权。"❷

延伸阅读

在我国西南横断山区，有一座南北走向的大山——高黎贡山，在高黎贡山的崇山峻岭中有一个叫独龙江乡的地方，这里世世代代居住着我国的一个少数民族——独龙族的乡亲们。

独龙族是我国人口较少的民族之一，也是中华人民共和国成立初期从原始社会直接过渡到社会主义社会的少数民族，主要聚居在云南贡山独龙族怒族自治县独龙江乡。当地山高谷深，自然条件恶劣，属于深度贫困地区。

近年来，国家有关部门和云南省以整体推进的思路对独龙江乡进行集中帮扶，加快解决基础设施、产业发展、人才素质等"瓶颈"问题，使当地经济社会实现跨越式发展。2018年，独龙族整族脱贫，实现了"千年跨越"。

如今，独龙江乡1100余户居民全部住进新房，4G网络、广播电视信号覆盖全乡，6个村委会全部通柏油路，大病保险全覆盖，特色产业遍地开花。孩子们享受从学前班到高中的14年免费教育，独龙族小学的入学率、巩固率和升学率均保持100%。独龙族群众已从封闭、保守、落后的"民族直过区"，走向开放、包容、发展的新天地。

就是这样一个偏远山乡，分别在2014年和2019年两次收到了习近平总书记的回信。第一次是祝贺独龙江乡公路隧道贯通。为什么隧道贯通需要祝贺呢？这与独龙江乡偏远的位置有关。在独龙江乡公路隧道贯通之前，1999年建成的独龙江乡公路，由于地势原因，一年中只有半年能通车。公路隧道的贯通实现了独龙江乡与外界的全年通车。

❶ 习近平.在庆祝"五一"国际劳动节暨表彰全国劳动模范和先进工作者大会上的讲话[N].人民日报，2015-04-29（002）.

❷ 习近平.在庆祝"五一"国际劳动节暨表彰全国劳动模范和先进工作者大会上的讲话[N].人民日报，2015-04-29（002）.

第二次是祝贺独龙江乡整乡脱贫。2018年独龙江乡全乡人均收入6122元，实现了整乡脱贫，实现了"两不愁三保障"：不愁吃、不愁穿，义务教育、基本医疗、住房安全有保障。对这个偏僻的小山乡而言，实现全面脱贫，两不愁三保障。不论从哪方面说，都可以用"伟大"两个字来形容。

独龙江乡的脱贫之路是中华人民共和国成立后全面消除绝对贫困的一个缩影，是劳动创造美好生活的一个典型。

思考题

1. 邓小平和习近平等同志对劳动教育分别作了哪些阐述？
2. 中共中央、国务院文件要求加强劳动教育的基本原则是什么？

第三章　劳模精神、劳动精神、工匠精神

导语：

这一章讨论具体的劳模精神、劳动精神和工匠精神。这三种精神究竟是独立的还是共存的？本章将对三种精神进行基本梳理，明确三者之间的关系。新时代，三种精神都是践行社会主义核心价值观的应有之义。大学生要主动践行社会主义核心价值观，尊重劳动模范，尊重劳动者，尊重工匠，只有这样，社会精神文明程度才能更高。

教学目标：

认知	情感态度	运用
理解劳模精神、劳动精神、工匠精神的具体内涵	培养学生崇尚模范、崇尚工匠的精神意识，引导学生向劳模致敬，向工匠看齐	发现榜样，积极行动，学习榜样的精神

第一节 劳模精神、劳动精神、工匠精神概述

一、新时代劳模精神的内涵

劳模是我国的特殊群体，承载着历史的记忆，是推动我国生产力进步和文化事业进步的重要代表，是历史的沉淀者和时代的领跑者。在不同的发展阶段，他们始终走在改革开放的前列。劳模激励着一代又一代人不懈奋斗。

（一）劳动模范

1. 劳模是社会集合体

社会学家艾君在《劳模永远是时代的领跑者》一文中指出，劳模是劳动模范和先进工作者的一种统称。劳模是一个富有感情的符号；是一道能够照亮人生路径、温暖人心和希望的光；是一种人理之伦、人生之道的"人文"思想；是当下社会主义的价

值取向，是一个时代追求前进脚步、不断向前的价值取向；是一个时代精神和力量的具体体现。

2. "劳"和"模"

"劳"是其中的定语，并不是"劳"者皆能成为"模"。"模"是其中的中心词。"模"就是"模范，榜样"的意思，体现了榜样的价值和作用，其意义在于让不同的行业中和不同的人可触、可感，调整社会价值取向，带动社会风气的正向发展。

（二）劳模的品格

1. 劳模品格展现中国智慧

劳动的品格是劳模的基本素质，决定了劳模面对人生处境的处理方式，劳动的伟大品格具化为信念坚定、立场鲜明、艰苦奋斗、勇于奉献、胸怀大局、纪律严明、开拓创新、自强不息。"信念坚定、立场鲜明、艰苦奋斗"指的是劳动所秉持的政治本色和责任担当；"勇于勇敢、胸怀大局"体现出劳模群体的个人品格和博大胸襟；"纪律严明、开拓创新、自强不息"体现出劳模群体与时俱进、奋力拼搏的时代特征。这几点共同体现出中华儿女的奋斗意识和中国智慧。

2. 劳模品格体现中国精神

劳动模范是广大劳动者中的先进代表，是最美的劳动者，是人民群众的楷模，是行业的精英和时代的标杆。劳模群体为人民群众埋头苦干、任劳任怨，为行业发展和社会进步起到了积极意义，为全国人民和世界人民树立了榜样。劳模群体铸就了爱岗敬业、争创一流和艰苦奋斗、勇于创新以及淡泊名利、甘于奉献的伟大精神，这就是中国精神！

新时代的劳模必须具备四个条件：一是有新思想；二是有新技能；三是有精益求精的工匠精神；四是有民族和国家情怀。

3. 劳模品格凝聚中国力量

劳动是伟大的，劳模的品格也是伟大的。劳模的伟大品格反映了中国无产阶级的政治本色和价值取向，反映了中国人民对传统的继承和发展，凸显出无产阶级的时代特征，是中国无产阶级先进性的具体体现，是对中华家风文化、社会文化、职业文化的继承发展，是凝聚广大劳动者智慧和力量、鼓舞全国各民族人民群众团结奋斗的精神力量。

二、劳动精神的基本概念

马克思从历史唯物主义、政治经济学、教育学三个视角对劳动进行了阐释。从历史唯物主义的视角出发来看，劳动创造了世界、人类历史和人类本身；从政治经济学角度上看，劳动是人类财富的源泉；从教育学的视角来看，劳动是实现人类教育目标、促进人才发展的途径。

精神主要是指人的情感、意志等一般心理状态。劳动精神是劳动的意志属性和精神属性，是对劳动者工作状态的基本要求，是劳动者在劳动过程中呈现的劳动面貌和精神状态。对当下劳动者在劳动过程中呈现的积极状态按照时代的要求进行科学总结，并且在政治、经济、文化层面进行凝练和提升，就可以形成当下时代的劳动精神。新时代的劳动精神是社会主义核心价值观在劳动者身上的具体体现。主要包括爱国、敬业、诚信、友善，具体可以体现在爱岗敬业、勤奋勤劳、拼搏创新等方面。进一步讲，一切符合时代要求，能创造各种价值的、通过劳动所体现出来的积极状态都属劳动精神的范畴。

历史唯物主义把劳动问题置于关键位置，马克思首次将劳动视为实现人自身的物质实践活动，把劳动视为人生活目的之一，把劳动作为解放人类的必然方式和根本出路。这一思想是超越的，具有重大历史意义，对新时代劳动精神具有重要构建意义。这种构建不仅提供了理论支撑，而且赋予新时代劳动者价值导向，并且将劳动精神教育融入现代社会生产建设之中去，给生产实践提供了现实路径。习近平指出："人民创造历史，劳动开创未来，劳动是推动人类社会进步的根本力量"。❶

（一）崇尚劳动精神，传承优秀文化

在马克思主义的指导下，广大劳动者继承发扬中华优秀传统文化，给马克思主义劳动精神赋予浓厚的中国风格。新时代劳动精神呈现出崇尚劳动的价值导向性、实践创新性、精神幸福性，是对全社会新时代劳动实践的礼赞。

新时代劳动精神着重反映的是对劳动本身和劳动主体的认可，让全社会尊重劳动、崇尚劳动、热爱劳动。只有认可劳动创造财富、更迭文明，才能认识到劳动是人的本质活动以及人类本质的体现。崇尚劳动是对劳动的一种态度，是社会个体由内而外的对劳动的赞美，劳动光荣，劳动者高尚。热爱劳动是对劳动的一种情感，体现了劳动者递进式的心理情感变化：首先是劳动者积极投身劳动的情感意愿；其次是劳动者在劳动过程中发现的乐趣与自我成长；最后是在劳动的过程中学会珍惜劳动成果，实现劳动过程和自我价值的统一。

---

❶ 习近平. 习近平谈治国理政：第 1 卷 [M]. 北京：外文出版社，2014.

尊重劳动、崇尚劳动、热爱劳动是对劳动的理性认识到情感升华、由个体价值上升到社会信仰、由外界他律到逐步内化的过程。新时代劳动精神是辛勤劳动、诚实劳动、创造性劳动的统一。辛勤劳动是反映中华民族勤劳勇敢、吃苦耐劳的民族精神，是劳动者的基本要求。这将持续激励一代又一代人的持续进步。辛勤劳动是诚实劳动和创造性劳动的基础和保障；诚实劳动是指在劳动过程中，脚踏实地、遵守法律、实事求是地对待劳动结果，不窃取他人劳动果实，是发扬新时代劳动精神的要求。诚实劳动是辛勤劳动的升华，也是创造性劳动的前提；创造性劳动是指劳动过程中开拓进取，鼓励首创的精神。这种敢为人先、敢试敢闯的精神毅力是新时代劳动精神独具时代意义的内涵，体现了简单劳动和复杂劳动结合、脑力劳动和体力劳动的结合，是人创造力的体现。创造性劳动是辛勤劳动和诚实劳动的发展。

（二）以劳动为价值追求，树立文化自信

文化价值观是社会大部分成员长期奉行的价值观，具有长期稳定性。新时代劳动价值观证明了社会主义文化价值的合理性。"撸起袖子加油干"是中国特色社会主义新时代为人们实现美好生活的价值导向。劳动作为人的本质精神而独具价值，作为人的基本权利而被赋予价值。马克思指出："'劳动的绝对自由'是劳动居民幸福的最好条件。"❶

新时代的劳动精神有力地证明了社会主义文化价值的合理性和正义性。"撸起袖子加油干"成为劳动精神的具体写照。劳动作为人的本质精神而具有价值，作为人的基本权利而具有价值。马克思指出："'劳动的绝对自由'是劳动居民幸福的最好条件。"❷按照这个逻辑，劳动精神正是劳动者追求自由所必备的条件，是劳动者不懈奋斗的精神支柱，表现为个体和社会共同遵循的道德公约和价值兼容。因此，劳动精神是幸福的合理诠释和美德的表达，构建了以劳动精神为价值追求的文化自信。

三、工匠精神的内涵

工匠精神自古就存在于人类社会中，不同的时代工匠精神有着不同的内涵。传统社会中的工匠更多是指手工业的劳动者，尤其是指拥有专业特长的手艺人。与之匹配的工匠精神，则是精益求精的手工工艺作品和品质。随着时代的发展，传统意义上的工匠和工匠精神有了更加具有时代性的内涵。现代社会认为，但凡是崇尚劳动、认真工作的人皆可以称为工匠，长期的实践和劳动所积累的职业精神，可以称之为工匠精神。

---

❶ 马克思，恩格斯．马克思恩格斯全集：第42卷 [M]．中共中央马克思恩格斯列宁斯大林著作编译局，译．北京：人民出版社，1964：491.

❷ 马克思，恩格斯．马克思恩格斯全集：第42卷 [M]．中共中央马克思恩格斯列宁斯大林著作编译局，译．北京：人民出版社，1964:491.

首先，中国的工匠精神源远流长。"工"意为"精巧"，"匠"意为"技艺"，"工匠"可以意为精于技巧的劳动者。从历史典籍中看，工匠最先指的是木工，后来范畴逐步扩大到精于手工的人，即"百工"。随着社会历史的发展，"工匠"的内涵也不断扩大。到东汉时期，"工匠"的含义已经和今天大体相似。《论衡·量知》记载，"能研削柱梁，谓之木匠；能穿凿穴滔，谓之土匠；能雕琢文书，谓之史匠。"从这时起，"工匠"泛指各种手艺不同的工种。后来，历朝历代都对工匠一词进行了丰富，封建时期，华夏逐步形成了"士农工商"的分层，工匠固化成为一种职业，成为社会身份的象征。

灿烂辉煌的中国古代文明有着大量的"能工巧匠"，这些匠人留下了许多传世经典作品，甚至是难以解答的谜团。我们耳熟能详的文化典籍中就有着丰富的关于工匠的描写。《周礼·考工记》记载，古人建设国都十分考究，布局讲究对称和精美，"匠人营国，方九里，旁三门。国中九经九纬，经涂九轨，左祖右社，面朝后市。市朝一夫。"[文义为：建筑师营建都城时，城市平面呈正方形，边长九里，每面各有大小三个城门（设立两个侧门）。城内有九纵九横的十八条大街道，街道宽度皆能同时行驶九辆马车（七十二尺）。王宫的左边（东）是宗庙，右边（西）是社稷。宫殿前面是群臣朝拜的地方，后面是市场。市场和朝拜处各方百步（边长一百步的正方形）]。《核舟记》开篇明义："明有奇巧人曰王叔远，能以径寸之木，为宫室、器皿、人物，以至鸟兽、木石，罔不因势象形，各具情态。"庖丁解牛的故事，更是家喻户晓："臣之所好者，道也，进乎技矣。"庖丁为梁惠王解牛，达到了出神入化、心手合一的地步。我国古代非常注重工匠精神，形成了"尚巧工"的社会氛围。

工匠是传统中国"士、农、工、商"四大职业其中之一，时至今日，民间愿意称其为"师傅"。工匠是一种社会职业，工匠精神则是工匠职业存在状态的反映，主要是指匠人在生产和制造的过程中所呈现的职业精神和对职业价值的追求，如注重自身技能的提升和艺术审美能力的提升，甚至是道德品质的提升等。总结中国传统工匠精神，集中体现在以下方面。

第一，以技立命。为工尚巧，追求技艺的高超是我国传统工匠精神的追求。古代工匠重视技巧，以技立命、以巧安身。工匠凭借精湛的手艺，不仅能在社会谋得一席之地，还能被世人尊崇。历朝历代一向重视"百工之事"，反映出当时社会对工匠技艺的欣赏。鲁班、张衡、毕昇、祖冲之等匠人，其事迹被永世传唱。

第二，精益求精。追求精湛的技艺水平是传统工匠精神的核心要义。《考工记解》记载，"周人尚文采，古虽有车，至周而愈精，故一器而工聚焉。如陶器亦自古有之，舜防时，已陶渔矣，必至虞时，瓦器愈精好也。"长沙马王堆古墓出土的素纱蝉衣的做工令今人叹为观止，该衣用料2.6平方米，重仅49克。放之今日，其工艺水平仍然是居于领先地位。这足以说明，古人崇尚臻达极致，并以高超的工艺流芳百世。

第三，敬天爱人。这是匠心之本。我国古代奉行儒家思想，形成了"德艺双修"的氛围，注重对匠人的匠心进行培养。归根到底，敬天爱人秉承道义至上、敬天敬业、爱人尚德的匠心精神，主修"道艺合一"的职业理想境界。一些优秀的工匠，做到了人文和艺术的完美结合。鲁班就因"物因人而著名，人因物而不朽"成为古代工匠的杰出代表。古代高超的工匠是集匠心、师道、圣德于一体的。诸如此类的大量案例，都诠释了古代工匠的完美品质。

第二节　劳模精神、劳动精神、工匠精神的内在联系

劳模精神、劳动精神、工匠精神往往被一并提出，在中共中央、国务院印发的《新时期产业工人队伍建设改革方案》中，将三种精神一并提出，"大力弘扬劳模精神、劳动精神、工匠精神"。有时也被单独提出或提出其中一两个，如中共中央《关于加强和改进党的群团工作的意见》中仅提出了劳动精神和劳模精神，"引导广大职工弘扬劳模精神、劳动精神、工人阶级伟大品格"。

一、劳模精神和劳动精神是整体与部分的关系

从劳动主体上看，劳模精神的主体是劳模群体，劳动精神的主体是全体劳动者；劳模群体是劳动者群体中具备出色成绩、具备严谨执业精神的群体，是广大劳动者学习的楷模。劳模本身便是劳动者的一部分，从这个意义上看，劳模精神是劳动精神的一部分，二者的个性寓于共性之中；也就是说劳动精神寓于劳模精神之中。

劳动精神是一个合格劳动者必备的精神素养，劳模精神则是成为劳模必备的条件，是突出的劳动精神。没有合格的劳动精神，就不可能成为劳模。所以，劳动精神应成为劳动者必备的精神素养，劳模精神则是劳动者的学习精神。劳动精神是劳模精神的基础，二者也是基础和方向的关系。

二、工匠精神和劳模精神是内力和外力的关系

劳模精神是全体劳动者学习的精神，是影响每一位劳动者从平凡走向优秀的外部驱动力。劳动精神由先进的劳动模范提供学习范本，影响每一位劳动者积极进取。而工匠精神则是每一位劳动者所具备的精神，是激发劳动者自我超越的思想指南，是挑战自我的精神内推力。

工匠精神从内部唤醒劳动者突破自我的自觉意识；劳模精神是学习榜样，超越他人、突破行业的进取精神。工匠精神要求严于律己、克己慎独，今日比昨日有进步，

超越自我便是超越了一切。工匠精神是要求劳动者成为自我心中的劳模，自己认可自己。劳模精神是让劳动者成为别人心中的模范。做不到自我认可，也很难成为别人心中的模范。工匠精神点亮了自己生命，劳模精神照亮了别人前行的路。

三、劳动精神和工匠精神是共性和个性的关系

劳动精神是全体劳动者的共有精神，每一位参与劳动的人都拥有一定的劳动精神。工匠精神则揭示了劳动者追求卓越、不甘平庸、一丝不苟的劳动个性，是优秀劳动者的必备素质。这种劳动素养能给产品带来极强的竞争力，也是劳动者本身的竞争力。这里说的劳动者的素养主要是指劳动者的自我超越精神，以及热情的劳动精神，也就是工匠精神。换言之，如果没有工匠精神，便难以取得令人骄傲的成就，中华民族的伟大复兴就不可能实现。

工匠精神的核心是追求极致、精益求精、推陈出新，也是成就优秀劳动者的重要元素。当然，如果拥有工匠精神的劳动者能取得超越过去、超越行业的成绩，在企业甚至世界范围内都取得出色成绩。那么，劳动者就成为别人学习的榜样，就成为劳动模范，劳模精神由此而生。三种精神都可以在他身上体现。

四、三种精神的内在关系

唯物辩证法认为，劳动是人类创造生产和生活资料的一种有目的的活动方式，是人类社会赖以生存和发展的基础。无论是过去还是今天，劳动都对人类社会的进步起到了巨大的作用。我们之所以倡导劳动光荣，本质上是因为劳动创造了人，劳动创造了历史、价值、未来。社会主义制度消除了劳动异化的现象，劳动真正释放出本身的力量，劳动美丽成为现实。

新时代所弘扬的劳模精神、劳动精神、工匠精神是一个有机整体，它们之间是相辅相成的关系。

劳模之所以是劳模，首先就是他参与了劳动，并在劳动岗位上做出了不俗的业绩，同时拥有坚定的信念和价值追求、人生境界。"劳动模范身上体现的'爱岗敬业、争创一流，艰苦奋斗、勇于创新，淡泊名利、甘于奉献'的劳模精神，是伟大时代精神的生动体现。"

劳动精神是劳动者在劳动中展现的精神状态，人世间的美好理想，只有通过劳动才能实现。劳动创造了中华民族，造就了华夏历史文明。产业结构化、社会分工细化、科技日新月异，但是这都改变不了劳动的意义和地位。党中央十分重视人民劳动，全社会都需要贯彻尊重劳动的方针，维护劳动者的合法权益，保障劳动者的基本权利。坚持社会公平和正义，排除阻碍劳动者参与发展、分享成果的障碍，给劳动者创造温暖的劳动空间，不能让劳动者"劳而无获，一劳百劳"。要打造社会热爱劳动的格局。

工匠精神是每个不甘于平庸的劳动者在职业岗位中所展示的进取精神，在具体劳动中不断对自我提出更高的工作要求，并且不断完善自我劳动技能，始终追求更好的自己。劳动者始终追求更好的自己时所体现出来的工作态度和工作境界，是劳动者最好的衣钵。从工匠精神来看，坚守是一个劳动者的本分，精益求精是劳动者的追求，专注是一个劳动者的职业作风，追求极致是一个劳动者的历史使命，一丝不苟是一个劳动者的境界，自律是一个劳动者的修为。

从时间线索上看，劳模精神提出时间最早。早在革命年代，劳模精神便一直被大力倡导。2014年4月，习近平同志在乌鲁木齐与先进工作者、先进人物代表会谈时第一次提出"劳动精神"。2016年，《政府工作报告》中第一次正式提出"工匠精神"。

理解三种精神的内涵，不仅要考虑时间因素，还要考虑三种精神在逻辑上的内涵。劳动精神是工匠精神和劳模精神共同的精神基础。按照马克思主义的观点，劳动促进了人类的进化和文明的进步，这是人与动物区分的变量。因此，劳动精神是自然人必备的精神，工匠精神是成为优秀人的条件，劳模精神是劳动的目标。按照马克思主义的基本观点，劳动创造了人本身。劳模精神则成为可以影响别人的精神，劳动精神是成为人的精神，工匠精神是成为优秀的人的精神。从成为人到成为优秀的人，再到成为更加优秀的人，这是一个人发展的过程，也是一种递进关系。

党和国家一直呼吁弘扬三种精神，目的就在于让每一位劳动者热爱劳动、自食其力、突破自我、做出出色成绩。新时期，我国面临产业升级等多种问题，不仅需要大量劳动者，更需要大量出色的劳动者，不断为建设社会主义现代化强国而奋斗。

第三节　弘扬"三种精神"，争做新时代楷模

一、为什么要弘扬"三种精神"

自共和国成立以来，全国各行业涌现出一批优秀劳动者，他们是社会主义核心价值观的践行者，是社会主义现代化建设的中坚力量。党和国家高度重视弘扬劳模精神、劳动精神、工匠精神，是顺应时代发展要求的体现，有着深刻的时代价值。

（一）实现中华民族伟大复兴的需要

2018年12月，改革开放40周年庆祝大会顺利召开，会上表彰了100位各行各业的杰出同志，授予他们"改革先锋"称号。2019年，在中华人民共和国成立70周年之际，300名同志被授予"最美奋斗者"称号。这些杰出人士，是中国建设的中坚力量，

他们的模范精神为实现中华民族伟大复兴，实现中国梦的腾飞提供了宝贵的精神力量。

（二）增强文化自信的需要

文化是一个国家和民族的灵魂，劳模精神、劳动精神、工匠精神深深根植于中华优秀传统文化之中，又体现出中国特色社会主义先进文化的特点，是中国文化自信的具体体现。我国自古便有"天道酬勤"的文化内涵和民族精神，中华民族凭借吃苦耐劳、精耕细作的精神已完成五千年文化传承。给优秀传统文化注入新时代内涵，是义不容辞的责任。现阶段，我国文化产业和文化事业均处于发展阶段，需要大量劳动者参与文化建设，劳动者的精神面貌影响着文化成果的面貌，劳动者的素质关系到文化建设的水准。

（三）提升我国劳动者素质的需要

目前，我国已是世界第二大经济体。全球500强企业名单中，我国企业数量位列榜首。但是，我国企业与企业产品面临的困境是大而不强。缺乏核心技术，以至于我国大量产品在全球缺乏竞争力，或缺乏品牌效应，只能采取薄利多销的经营方式，这和我国人才梯队建设息息相关。中共中央、国务院印发了《新时期产业工人队伍建设改革方案》，这是党在史上首次部署产业工人队伍建设改革，并提出"大力弘扬劳模精神、劳动精神、工匠精神"的具体措施。由此可见，提升劳动者素质对实现制造强国的目标具有战略意义。在现代化强国的建设之路上，我们需要强大的企业支撑，而企业又需要卓越的人才储备。大力弘扬劳模精神，培养更多先进劳动者，培育世界一流的劳动大军对国家现代化有举足轻重的地位。

（四）深化供给侧改革的要求

供给侧结构性改革就是一个改革的手段，推进产业结构调整，提高产品质量。同时，优化供给过程的资源配置，扩大有效供给，提高供给结构对需求变化的适应性和灵活性，提高全要素生产率，更好满足人民需要，促进经济社会健康发展。供给侧结构性改革的目的就是调整经济结构，实现生产要素的优化配置，提高经济增长的质量和数量。

我国供给侧改革的目的之一便是提高我国产品质量、提升创新力，提高我国企业和企业产品在全球的竞争力。改革开放40年来，我国取得一系列重大成就，但是随着人口红利的消失，面临的挑战也越来越严峻。我国经济模式逐步从粗放型向精细型转变，这就意味着以前的劳动力数量优势不得不向质量优势去转变。从这个意义上讲，弘扬三种精神对促进供给侧改革、振兴实体经济有着突出作用。

二、践行三种精神，做出色劳动者

（一）崇尚劳动，弘扬劳动精神

我国实行按劳分配为主体的分配制度，奉行多劳多得的理念，劳动对个人发展具有重要意义。

通过时代劳动教育，旨在引导学生理解并形成马克思主义劳动观，树立劳动光荣、劳动崇高的意识，让学生自觉投入到积极的劳动中去，用劳动获取美好生活，形成良好的劳动习惯。新时代的劳动精神具体体现在以下五方面：

1. 敬业、勤业、精业

伟大的社会主义事业由无数个细小的、平凡的岗位作为依托。每个岗位都在社会经济活动中有着不可或缺的意义。一切非凡的成就往往起源于热爱，只有对本职工作饱含热情，忠于职业操守；以强烈的热情投入从事的事业，饱含责任感、荣誉感，精益求精、争创一流，才有可能在平凡的岗位上争当一流，做出成绩。

人物故事

杨普：平凡岗位的精彩人生

杨普，1983年出生。2000年，17岁的杨普进入河北石家庄市一家纺纱公司做挡车工。其工作主要是机下打结，俗称接线头，是挡车工的基本功。线头接得不仅要准还要快，不然会影响布匹质量。工作之余，杨普几乎利用全部时间去练习操作，基本做到手不离纱。在宿舍练习，在家让妈妈、弟弟帮着练习。功夫不负有心人，不到20岁的杨普脱颖而出。当时一般工人1分钟可以接20个线头，杨普1分钟能接38个左右。而起初，杨普1分钟只能接7个，与其他新员工无异。

为了练扎实基本功，别人练一小时，她就练两到三个小时，手指都被纱线划出口子；每次约会她都带上纱线，让对象给她掐表。最终，她的接线成绩超国家标准的75%，她凭借出色的成绩多次获得河北省挡车大赛的冠军。之后，企业完成升级，引进了更先进的喷气织布机。为了适应新变化，杨普在传统操作技法的基础上，创造出"双手交叉，主动引纬"在内的一系列纺织技巧，创造直接经济效益近500万元。

2010年，杨普27岁，获得全国劳动模范荣誉称号。2012年，29岁的她获得第十一届中华技能大奖，她是纺纱行业唯一的入选者。

她说："我只是一名普通的工人，也只是做了一些自己该做的工作，能得到大家和社会这么大的肯定，是没有想到的。请所有像我一样的工人劳动者，一定要相信自己的劳动价值，相信每一个平凡的岗位上都能有精彩的人生。"

公司以她的名字成立了工作室——杨普工作室。工作室成员总结创新了三十多项大的操作技法，使全公司的生产效率提升了 2%，并影响了全行业的发展。2014 年，她的工作室被命名为国家级技能大师工作室，杨普荣获"全国工人先锋号"称号。

2. 不忘初心、砥砺前行

不忘初心、砥砺前行是中华民族的传统美德，是中华儿女继往开来的精神动力，是成就事业的必备素质之一。砥砺前行精神就是要在逆境下、在资源贫乏的环境中，仍然能积极发挥个体主观能动性，能够立场坚定，保持积极的心理，坚韧不拔、勇于创新。我国是世界上人口最多的国家，却仍然是发展中国家，也是人均耕地最少的国家之一。曾经，最基本的温饱问题都是我国的重大问题。以袁隆平为代表的农业人，秉持强大的初心，在科学技术落后、经济条件较差的中国，不畏艰难，发扬艰苦奋斗精神，大胆创新，终于培育出高产量的水稻和其他作物，很大程度上解决了耕地压力和产量问题，给粮食安全提供了巨大保证。

3. 甘于奉献、敢于奉献

奉献精神需要奉献者内心崇高的信仰，只有坚定不移地坚守初心和信仰，始终维护人民利益，才能做到不计得失，淡泊名利，而不是苛求功和名。心中所追求的比个人物质得失更加宝贵，更加重要。甘于奉献不是"无我"，而是心中满怀"大我"。比起个人得失，国家危亡、民族利益更加重要，只要国家需要，随时可以奉献一切。前有左宗棠"带棺出征"，后有钱学森力排万难，坚持回国。这样可歌可泣的故事，在中华大地并不少见。

人物故事

黄大年：没有朋友，只有国家利益

黄大年，1958 年 8 月出生于广西，1977 年考入长春地质学院应用地球物理系。1992 年，黄大年公派留学英国攻读博士，从事地球物理研究。1996 年，回国已 1 年的黄大年，再度赴英，在剑桥 ARKeX 航空地球物理公司担任高级研究员。在英期间，其从事研发高精度重磁场探测装备及数据处理解析方法技术、海洋和航空快速移动平台高精度地球微重力和磁力场探测技术，成为这个领域的领先人物之一，也是拥有该技术的少数华人之一。

2009 年，国家号召海外知识分子回国研究。此时，51 岁的黄大年已经在 ARKeX 担任研发部主任，拥有包括 300 名研究员的顶尖研发团队，拥有世界一流的试验装备，在领域中有着极高的身份地位，可谓功成名就。但是他果断舍弃了海外优越的生活和先进的科研场所，拒绝了英国的极力挽留，毅然决然归国。他说："我没有敌人，也没有朋友，只有国家利益。"他教导学生："你们一定要出息，出息了一定要报国。"归国短短几年，他带领着 400 名科学家，创造出了多项"世界第一"，在高精密机械和电子技术、纳米和微电机技术、惯性技术等多项关键技术上取得显著突破，首次攻克快速移动平台探测技术装备研发瓶颈，为我国"巡天探地潜海"填补了多项技术空白。为共和国的国防安全、经济建设立下了汗马功劳。

2017 年 1 月，黄大年因病去世，年仅 58 岁。2017 年 7 月，他生前未竟之事，"十三五"国家重点研发计划"航空重力梯度仪"研制通过了最终审核。

4. 忠于职守、勇于担当

忠于职守就是忠于职业操守，尽心竭力，善始善终。勇于担当，就是要坚持党性，坚持人民至上的思想，敢于旗帜鲜明地恪守真理。这里面有着诚信的成分，包含了朴素的诚实劳动的思想，一个不诚实劳动的人，必然不是一个勇于担当的人。

5. 牢记使命、无畏牺牲

2019 年 3 月 30 日 17 时，四川省凉山州木里县发生森林火灾。3 月 31 日下午，四川森林消防总队凉山州支队指导员和地方扑火队员 689 人到达现场展开扑救工作。火场最高海拔 3700 米，受地形和风场影响，大火飘忽不定。面对缺氧、腐殖积厚、取水困难、地形陡峭等问题，消防队员仍坚持负重 15 千克，徒步 8 小时奔赴火场。最终遇到瞬时大风，27 名消防指挥员和 3 名地方干部不幸遇难，年龄最小者为 2000 年 7 月出生，正值人生大好年华。他们迎难而上，言出必行，誓死捍卫人民群众利益，把对国家的忠诚写进了生命的最后一章。他们将永远被人民铭记。

（二）精益求精，怀大国匠心

加快世界经济产业结构升级，建设现代化强国，既是时代的要求，也是我们的选择。要实现从制造业大国转型向制造业强国，就必须大力培育工匠精神。不过，我国的工匠精神也受到传统观念的影响。虽然，我国自古便有鲁班这样的著名工匠，但是这并不能代表我国具有重视工匠的传统。"万般皆下品，唯有读书高。"的传统观念深刻影响着现代人的生活职业教育发展速度总体落后学科教育发展速度。传统观念影响下，制造业从业者被社会打上印象标签。从业者仅仅将此职业作为谋生手段的一种，这样对产品的品质追求自然热情不足。

改革开放后，中国经济便进入高速发展阶段，特别是制造业，一直有着强劲的增长势头。中国成为"世界工厂"，但是长期以来追求高速增长使得经济发展粗犷，产品品质打磨不够。精益求精往往会影响生产速度，对当前生产效益产生影响。但是，面临残酷的制造业竞争环境，精益求精的理念到了必须要大力弘扬和提倡的阶段。

人物故事

袁隆平：不弃造就大国匠心

袁隆平，1930 年生于江西。

1949 年 8 月，袁隆平至西南农学院就读，成为 1949 年后我国首批大学生。1960 年，国内遭遇饥荒，哀鸿遍野。此时的袁隆平立志研发高产农作物。当时，科学家都认为杂交水稻没有优势。然而，袁隆平仍坚信自己的判断。

有一天，袁隆平如同往日一样走在稻田里，一株特殊的水稻引起袁隆平的注意……1973 年，在全国水稻科研会议上，袁隆平宣布中国籼型杂交水稻"三系"研发成功；1980 年，制种难关被突破，杂交水稻项目取得新突破；2017 年，袁隆平宣布了一项提出水稻重金属镉的新成果；随后，"湘两优 900（超优千号）"取得亩产 1149.02 公斤新纪录；2020 年，袁隆平团队于青海柴达木盆地盐碱地试种的高耐寒耐盐碱水稻（海水稻）长出了水稻。

当他还是一名教师的时候，他向世界权威发起挑战；当他名扬天下时，他躬身耕耘。筚路蓝缕，他只想让更多人远离饥饿。十几年前，评估机构指出，仅"袁隆平"这个名字品牌即可价值千万。但他认为，用财富衡量科学家太低级，只有将个人价值与奉献社会结合起来，才能熠熠生辉。2021 年 5 月，袁隆平离世，但他的团队仍继续奋斗在水稻研发工作之中。

精工匠心，品质保证，中国人从未像今天这样呼唤工匠精神。作为一名合格的工匠，必然需要对从事的行业怀揣一份敬意。工作没有高低之分，唯有长期探索，力求达到更高的境界，把握工作质量，才能创造出比个人寿命更长的作品。

纪录片《舌尖上的中国》带火了一口章丘铁锅。力透工匠精神，一口锅需要经历 12 道工序、18 遍火候、1 000℃高温、36 000 次捶打。章丘铁锅的走红，并不完全是因为它是完全的手工锅，而是里面融入了匠人的匠心，凝聚着匠人一丝不苟、敬业的精神。一分钟需要捶打 120 次，每一锤都铿锵有力，正是这一锤锤的锻打，才赋予铁锅无上的人文情怀和出类拔萃的品质。不驰于空想，做踏实功夫。工匠精神不仅是要对作品精雕细琢，更是一种深刻的坚守，对选材、工具、造型以及作品背后的文化底蕴的敬畏和坚守。爆红之下的铁锅，不仅是一种炊具，更是认知和观念的容器，装填着匠心和工匠精神。

不精不诚，不能动人。工匠精神，是"中国制造"向新高地冲锋时高高举起的旗帜，是中国工商业文明向新境界进发时必不可少的引擎，以创新作灵魂，以匠心去筑梦，才有立国之根，立梦之柱。重拾工匠心，重塑工匠魂，是助推时代进步的先决条件，唯有以一己之力不断践行工匠精神，才能无愧于心、无愧于时代，在未来希望的田野上耕耘出一片芬芳的美丽。

近年来，"大国工匠"这个词逐渐进入大众视野，而"工匠精神"不断被深化和总结。大国，是货真价实的大国；而工匠，却非囿于某个职业，工匠是一种衡量标准，其核心是"匠心精神"。

工匠精神第一要义是传承，没有传承就没有发扬。无论传统文化如何，那都是历史因素的一部分，优秀的工匠往往从前辈经验中吸收借鉴。工匠的使命感需要通过"匠行"体现。不吸收前人经验，等于从零开始，可能要走很长的弯路。工匠精神的落实，需要脚踏实地，并且不断进步。根植于现实的工匠往往能志高行远。匠行是工匠精神延续的动力。

学习是保持匠心的关键，不思进取的工匠必定会陷入思想的禁锢之中，不善于向优秀学习、向榜样学习的工匠，只能重复之前的技艺，失去创新和发展的能力。人不能把学习当成一种工具和手段，学习是生活的一部分，是一种客观的需求和责任。学习不限于一朝一夕，而在于长年累月。

（三）敢为人先，争当新时代劳模

劳模之所以是劳模，首先是因为他参与了劳动，其次是在岗位中做出了比较出色的成就，在其岗位上坚守基本信念和人生价值追求。"劳动模范身上体现的'爱岗敬业、争创一流，艰苦奋斗、勇于创新，淡泊名利、甘于奉献'的劳模精神，是伟大时代精神的生动体现。"习近平总书记关于劳模精神的表述，为我们科学理解和大力弘扬劳模精神提供了正确的方向和指导。

1. 弘扬时代劳动模范精神的根本遵循

（1）树立科学劳动观念。习近平总书记在谈话中多次强调，必须牢固树立劳动光荣的观念，让劳动光荣、创造伟大成为铿锵的时代强音。要在学生中弘扬劳动精神，引导学生树立崇尚劳动的观念，懂得劳动最伟大的道理，注重对新兴技术的关注，注重在学生中树立和加强马克思主义劳动观和幸福观教育。体现出敬业之美，传达出极致之美的品质追求，展现出创造之美的价值升华。将大学生培养成中国特色社会主义事业的接班人和实现中国梦的奋斗者。

（2）发挥主流媒体的宣传作用。大力弘扬劳模精神，要全方位、立体式地对劳动模范进行宣传，让弘扬劳动模范的精神成为一种常态。宣传劳动模范的先进事迹，在全社会进行立体式的宣传。传达劳动模范的高贵品质和高尚精神，推动学生进一步学习模范、争当模范的意识，让模范的精神不断发扬光大。

充分发挥主流媒体的价值，将劳模模范的事迹讲述给更多的青年，让青年树立先进的劳动意识，近距离接触劳动模范和聆听劳动模范的先进事迹，感触劳动模范的精神。在实践中体悟劳动模范的精神，从而培养青年辛勤劳作诚实劳动的意志。

2. 构建弘扬劳动模范的德、智、体、美、劳教育体系

（1）将弘扬劳动模范精神和思想政治教育结合。要将劳模精神融入大学生思想政治教育全过程，充分发挥高校思想政治理论课主渠道主阵地作用。在"三全"中实现弘扬劳模精神与思想政治教育相协调、相衔接、相一致，特别是用好思想政治理论课教学这个主渠道、主阵地，让马克思主义劳动观进课堂、进头脑、进心灵，通过铸魂育人；在课堂教学中，注意讲劳模、劳模讲，思想政治理论课教师要在学理层面深度研究和阐释新时代劳模精神，聘请全国著名劳动模范进课堂讲劳动、讲劳动模范、讲劳模精神，让受教育者对劳动、劳模、劳模精神产生敬意。让青少年有机会近距离接触劳动模范、聆听劳模故事、感受劳模精神，切实提升高校思想政治理论课的实际效果。

（2）将弘扬劳模精神和专业教育相结合。严格地讲，弘扬劳模精神与专业教育在过程和目标上都具有内在统一性。要在专业课程中自觉强化价值导向，自觉融入劳模精神的要素，构建具有本专业特色的劳动教育价值体系。同时，注意加强专业教育中劳动知识的传授和劳动技能的训练，培养劳动精神、劳模精神、工匠精神，使学生在专业教育中体悟劳模精神，感受劳模精神，实现与课程思政双向同构。

（3）将弘扬劳模精神和社会实践结合。社会实践活动形式多样，包括实习、创新创业等。创新实践育人机制，统筹校内和校外、课堂和实践两种教学方式、教学环节，搭建受教育者在实习、实训、考察、双创中走进同劳模交流的平台，通过创新实践活动拓展劳动知识，在磨炼意志和增长才干中感受劳动的乐趣和收获，从而培育辛勤劳动、诚实劳动、创造性劳动的精神气质。提升劳动技能，养成劳动自觉；引导新时代大学生了解劳动模范、学习劳模精神、践行劳模精神，培育大学生的团队合作和奉献精神，实现实践育人效果。

3. 人人争当新时代劳模

（1）向劳模学习、弘扬劳模精神。要学习劳模爱岗敬业、为国为民的主人翁精神，争创一流、与时俱进的进取精神，艰苦奋斗、艰难创业的拼搏精神，勇于创新、不断改进的开拓精神，淡泊名利、甘于奉献、乐于服务的忘我精神，紧密协作、相互关爱的团队精神。要学习他们用科学理论和现代科学知识武装自己，不断提高思想道德水平和科学文化素质，使自己成为优秀的社会主义事业的建设者。

（2）争做新时代劳模，要学习劳模身上闪耀的信仰光彩。"人间万事出艰辛。越是美好的未来，越需要我们付出艰苦努力。"盘点新时代的劳模，他们身上有一个共同点，那就是能够穿越眼前的迷雾，相信并为"美好的未来"奋斗。常常重温劳模的故事，想想这些平凡人何以把不可能变为可能，我们的心底就有"相信"、眼中便有光

彩，走过风雨看到彩虹，用劳动与奋斗为中华民族伟大复兴贡献力量。

（3）学习劳模，要学习他们实干苦干的拼劲和精益求精的工匠精神。多做一点点、创新一点点，日积月累，在实践中体悟劳模精神，在磨炼意志和增长才干中感受劳动的乐趣和收获，从而培育辛勤劳动、诚实劳动、创造性劳动的精神气质，让改革创新在新时代焕发活力，让精益求精在新时代落地生根。我们只有持之以恒地弘扬劳模精神，充分发挥大学生的积极性、主动性和创造性，才能最大限度地聚合起推动中国制造向中国创造转变饱满的奋斗热情，为中国梦注入正能量、汇聚新动力，为建功新时代、实现中国梦凝聚起磅礴的中国力量。

延伸阅读

福建传统工艺传承

劳动创造了物质财富，也创造了丰富的文化。文化遗产是古代先辈劳动创造的产物，是他们智慧的结晶。绚烂多彩的文化遗产，反映了一定时代社会生活的印记，记录了当时人们的生活轨迹，反映了经济发展水平，承载了一定的价值取向和人们的精神追求，体现着中华民族的生命力和创造力，也是全人类文明的瑰宝，具体有历史、社会、科技、经济和审美等方面的价值，是社会发展不可或缺的物证，因此，保护文化遗产的意义重大。保护文化遗产就是保护人类文化的传承，培植社会文化的根基，维护文化的多样性和创造性、保护社会不断向前发展。保护文化遗产，保持民族文化的传承，是连接民族情感纽带、增进民族团结和维护世界文化多样性和创造性、促进人类共同发展的前提。保护文化遗产是建设社会主义先进文化，构建社会主义和谐社会的必然要求。保护文化遗产就是保护了各族人民思想道德和科学文化素质的历史根基。同时，文化遗产在对外交流、保护旅游业发展方面发挥着重要作用。

福建传统工艺历史悠久，品类繁多，技艺精湛，具有独特的民族风格和浓郁的地域特色，在国内外享有很高的声誉。福建传统工艺作品展现了中华优秀传统文化的博大精深和丰富多彩，体现了劳动人民的智慧及劳动创造的伟大。通过了解，我们能更加深刻地体察工匠精神的深厚底蕴和丰富内涵，进一步坚定文化自信，不断汇聚起为实现中华民族伟大复兴中国梦而奋斗的磅礴力量。

福建艺术家秉持"专心致志，以事其业"的信念，精心描绘祖国壮美山河与人民幸福生活，传播中华民族传统美德与文化，取得了极高的艺术成就。福建传统工艺有蕴含七彩之光的建窑黑瓷、纯净典雅的德化白瓷、绚烂瑰丽的漆器、面容风趣的木偶、巧夺天工的木雕、造型逼真的石雕、精致传神的剪纸和多彩灵秀的畲族刺绣等，体现出艺术家对生活细致入微的体察、对工艺极致的追求以及对艺术表达的思考。这些传统工艺作品都孕育于福建各地的地域文化里，随着时代的发展不断改良和进步，对福建历史文化的传承和发展产生了重要影响。

福建各地还有许多值得称道的民间工艺美术，如年画、版画雕刻艺术，竹编、草编艺术，泥塑、刺绣艺术，金银器、铜器、锡器等金属器皿的雕刻镶嵌艺术，汉白玉、华安玉等玉石的雕刻艺术等。

包括福建传统工艺在内的华美瑰丽的福建传统文化是中华民族优秀文化的重要组成部分，它承载着古代劳动人民的智慧和创新精神，渗透着人们的思想理念、传统美德和人文精神，体现出中华民族特有的思维方式和精神标识。它在历史上为推动民族进步和社会发展发挥过重要作用，时至今日依然具有显著的时代价值。我们要继承精华，实现优秀传统文化的创造性转化和创新性发展，从而为社会主义现代化建设提供精神滋养和智力支撑。

思考题

1. 结合自身的见闻、经验或体会，谈一谈你对劳模精神、劳动精神、工匠精神的理解。

2. 某同学说，大学生在校学习期间的主要任务是学习科学文化知识，既没有参加劳动的义务，也没有参加劳动的必要。对此观点，你怎么看？

第四章　学习新时代劳模精神，争做新时代劳模

导语：

劳模作为工人阶级中旗帜般存在的群体，他们身上都散发着爱岗敬业、争创一流的自强光彩，饱含着艰苦奋斗、勇于创新的时代气息，体现出淡泊名利、甘于奉献的传统美德，中国特色社会主义建设取得的每一项巨大成就，都凝聚着广大劳模卓越的劳动创造。

教学目标：

认知	情感态度	运用
理解劳模精神的具体内涵	引导学生树立尊重劳动模范，学习劳动模范	引导学生发现身边的劳动模范，让学生能主动学习劳动模范，践行劳模精神

第一节　新时代劳模精神的内涵

劳模精神就是对劳动模范群体精神的提炼和总结，是他们身上展示出来的爱岗敬业、争创一流的职业风采，体现出来的艰苦奋斗、突出创新、不畏艰难、甘于奉献、淡泊名利的优秀品质。劳模精神反映出先进劳动者坚守信仰、立场坚定、忠于祖国的精神境界，揭示出劳动者立足本位、争做新时代的坚守者。

一、劳模精神的时代内涵

（一）劳模精神是人文精神

对劳模精神的认可本质上是对劳动者的认可。劳模精神可以折射出一个时代的人文主义精神，反映了一个民族中的成员在某个时刻的人生价值和思想道德取向。劳模精神用简洁的视角展示了一个时代的精神演进和发展；劳模精神凝重而浪漫地体现出一个民族与时俱进的高贵品格和时代情怀；展示了一个民族群众顽强奋斗、自强不息的进取精神。

（二）劳模精神是主人翁精神

主人翁意识是劳模精神的一种内在本质，是正确认识和理解劳模精神的关键点。劳模群体以自觉的、强烈的主人翁意识，将厂、企、国视为家。以积极主动的岗位意识，在本职业中充分发挥个人积极性和主动性；以艰苦奋斗和淡泊名利的意识，自觉把人生理想和家庭幸福融入国家富强和民族复兴的过程之中。最终构建起个人与集体的发展命运共同体。

（三）劳模精神是理想信念

劳模精神传承着千百年的中华文化优良基因，寄托着千百年来中国人上下求索、饱经风霜的理想和信念，承载着每个中华儿女的美好夙愿。劳模精神作为劳动模范的思想内核，成为推动时代进步的强大动力，充分体现出劳动至上、劳动光荣的信念，彰显了劳动者的伟大品格，推动了劳动者的成长和进步。

二、劳模精神的内在品格

（一）劳模精神的元素构成

劳模精神大体包括岗位意识、职业精神、进取精神、拼搏精神、创新精神、家国情怀和奉献精神等。集中体现为爱岗敬业、争创一流，艰苦奋斗、勇于创新，淡泊名利、甘于奉献的精神；强烈的主人翁意识和艰苦创业精神、忘我的劳动热情、良好的职业道德和爱岗敬业精神；特别是体现为团结协作的团队精神以及对职业、对社会、对国家的道德感、责任感和使命感。

（二）劳模精神是无产阶级先进性的体现

在中国革命、建设、改革的各个历史时期，我国无产阶级都走在了前列，承担起了民族进步的大任，我国无产阶级始终和党的中心任务紧密结合在一起。劳动模范作为工人阶级的代表、无产阶级的代表，在工作生活中起到了"领头羊""排头兵"的作用，用辛勤劳动推动社会进步和民族复兴。劳模精神作为劳动规范的思想内核，成为推动时代发展的精神动力，充分体现了无产阶级的主体地位，彰显了无产阶级的伟大品格，推动了无产阶级进步。

（三）劳模精神是社会主义核心价值观的生动诠释

劳模精神是民族精神和时代精神的具体体现，与社会主义核心价值观息息相关。可以说，劳模精神是社会主义核心价值观的具象化和现实化。一方面，劳模是遵循社会主义核心价值观的典范，是社会主义核心价值观的模范实践者、生动传播者和说服力的检验者；另一方面，劳模之所以拥有劳模精神、能够成为行业榜样，一个重要的原因就是其自觉践行了社会主义核心价值观。

三、劳模精神的新内涵

（一）劳模精神是劳动精神的积极呈现

劳模精神继承发展了中华民族的优秀理念，彰显出一种辛勤劳动的新理念，营造了一种劳动光荣的社会风尚，传播了一种劳动者至上的职业意识。正因为如此，劳动者才能通过自己的劳动，收获满足感和成就感。劳动者在创造物质财富的同时，也能收获精神财富。

（二）劳模精神是民族精神的重要组成部分

作为中国精神的时代特点，劳模精神同样根植于中华文化的沃土之中。一方面，劳模精神是民族精神的具体体现，劳模精神体现了以爱国主义为核心的团结和平、勤劳勇敢、崇德尚礼的职业精神，又体现了知行合一、自立自强的方法论。另一方面，劳模精神是民族精神成长的重要助推力量。劳模精神与时俱进，丰富创新。一代又一代的劳模用实际行动，为民族精神注入了强大的力量，丰富了民族精神的博大内涵。

（三）劳模精神是时代精神的生动体现

劳模精神生动体现了时代精神的实质。一方面，劳模精神具有鲜明的时代特征，是时代精神的生动体现。作为一种文化精神，劳模精神在不同年代有不同的表现特征，劳模精神是基于时代实践对劳动模范的职业精神进行的深刻总结，是鲜活的、创新的、发展的，随着时代变迁而变迁。另一方面，劳模精神推动了时代精神的发展，不断为时代精神注入新的能量，凸显出丰富的时代内涵。面对新形势和新任务，我们需要更加强大的智慧和勇气，需要更大的精神动力。

四、劳模精神与中国梦

（一）劳模精神是实现中国梦的强大力量

中国梦的目标是实现中华民族的伟大复兴。在中国共产党第十九次全国代表大会上，习近平同志指出，实干兴邦。新时代下，只有每个人勤勤恳恳地劳动，才能实现民族梦想。

马克思主义认为，社会存在决定社会意识，社会意识是对社会存在的反映。中国梦就是人民对美好未来的憧憬和追求，是对中国历史和经济社会存在的反映。实现中华民族伟大复兴是中华民族最大的梦想，在新时代应该探索出更加翔实的路径。

（二）劳模以主人翁的姿态为中国梦创造了巨大的经济社会价值

中国梦是国富民强的梦。劳动是财富的源泉，劳模是创造一流业绩的劳动者，是企业的宝贵财富，是企业技术攻关的主力军，为企业创造了显著的经济社会效益。

全国五一劳动奖章获得者胡恒法，负责研制、开发具有自主知识产权的"高强度低碳贝氏体复相（细晶铁素体）热轧薄板"，并申请了3项专利，已成功应用于国家重点工程——上海东海大桥防撞护栏，达到了国际同类产品的先进水平，目前已经创造直接经济效益一千多万元。他还先后开发了一号至五号不同类型的抗高温、耐磨、耐蚀合金，负责完成科研及技术攻关项目十多项，申请国家专利8项，6项已经授权，先后获上海市优秀发明专利三等奖、二等奖，全国十五届发明展银奖，累计创造经济效益6000万元以上。

上海市十大职工科技创新英才之一的李山青，扎根科研第一线，多年来在冷轧轧制技术上开展了大量研究，曾经负责承担的科研项目共25项，取得53项专利（其中发明专利39项，国际专利1项）和27项企业技术秘密，打破国外技术壁垒，开发拥有自主知识产权的一系列板形技术，使板形质量达到国际一流水平，为低成本、高质量生产作出了重要贡献，累计创效益约3亿元。

上海摩晶实业集团有限公司总工程师石永明，全国五一劳动奖章获得者、上海市劳模，带领公司技术人员开展材料研制、生产设备研制改造、机械装置的研制、工装夹具的研制、换向治理技术与施工方案工艺技术及应用维保技术的开发及应用，并实装试验成功，解决了我军某兵种某重大设备入列以来，一直困扰着该型装备作战能力的发电设备换向发电负荷能力问题，挽回直接经济损失约85亿元人民币。

不断壮大劳模团队，可以为企业切实解决生产技术难题，加速创新成果转化，带来显著的经济效益；不断发扬劳模精神，可以为企业更有效地激发团队合力，集聚高技能人才，创造更多的科技成果、更大的效能利润，实现企业的发展进步。

（三）中国梦激发劳动热情和创造潜能，托起中国梦

尊重劳动是马克思主义重要的价值观，劳动是解放人类的现实途径，中国梦归根到底还是人民的梦。历史唯物主义特别重视劳动，不仅是因为劳动是财富的基础，更重要的是因为劳动对于人身自由有特别重要的意义。历史唯物主义在劳动和其社会辩证法中找到了实现自由的根据和现实途径，认为"自由王国只是在必要性和外在目的规定要做的劳动终止的地方才开始；因而按照事物的本性来说，它存在于真正物质生

产领域的彼岸"❶。

中国梦承载着全中国劳动人民的希望和寄托，这个梦能否实现，与每个劳动者的理想和信念、努力和奋斗密切相关。不是每一个梦想都是那么伟大，可以载入史册，流传后世，但是每一个大梦想必定是由无数个小梦想组成的，也就是我们基层劳动者的个人职业梦。"钢铁达人"王康健是宝钢股份公司冷轧厂轧钢技能专家、全国五一劳动奖章获得者、国家科技进步二等奖、中国国际发明展览会大奖和金奖获得者，他的职业梦想是：领略巅峰技术，创造一流产品，为最有梦想和追求的用户服务。"追月逐梦人"张秀忠是中国科学院上海天文台研究员、VLBI技术实验室首席科学家、全国五一劳动奖章获得者、2012年国家科技进步特等奖获得者，他的职业梦想是：能有更多的原创科技成果奉献给世界。"微笑天使"蔡蕴敏是复旦大学附属金山医院护士、国际造口治疗师、全国卫生系统先进工作者、2013年感动上海年度十大人物、上海市"五十佳"护士，她的职业梦想是：让生命活得有尊严。上海老师傅杨庆华是国网上海检修公司输电检修中心专业工程师、高级技师、全国五一劳动奖章获得者、上海市十大工人发明家，他的职业梦想是：让输电线路专业的工器具都能轻便、安全，减轻工人的劳动强度。"光明使者"张兴儒是上海中医药大学附属普陀医院副院长兼眼科主任、全国卫生系统先进工作者、2013年全国第四届道德模范提名奖、上海市优秀共产党员、2013年感动上海年度十大人物、上海市十大杰出志愿者等荣誉获得者，他的职业梦想是：期待为更多人带去光明。民警邹克耀是上海市公安局虹口分局四川北路派出所民警、全国五一劳动奖章获得者、上海市十大平安卫士、上海市十佳社区民警，他的职业梦想是：让我的居民早日告别棚户区，住上新工房。华东政法大学教授、博导刘宪权是全国先进工作者、中组部"万人计划"教学名师、国家级教学名师、上海市教育功臣、上海市教书育人楷模，他的职业梦想是：成为"90后""00后"大学生的偶像，教好书，育好人。劳动推动社会进步，实干才能成就梦想，中国梦因汇聚了人民对美好生活的向往而格外生动，因凝结着每个人对人生出彩机会的渴望而分外鲜活。中国梦是个人梦的坚实承载，个人梦又是中国梦的坚实依托。

中国梦的提出与劳模精神的弘扬，恰恰体现了国家在造就劳动光荣的观念，培养劳动神圣的信念，鼓励诚实劳动、勤奋劳动、创造性地劳动。一个合理、开放、公正的国家在社会流动上提供平等的机会和上升的空间，鼓励每个劳动者通过自己的能力和拼搏获得自己梦想的社会经济地位，而不是靠家庭出身和其他"先赋机制"获得。劳动者上升流动渠道的畅通，让真正付出努力、能干事、愿干事、长期在一线的劳动者得到晋升，可以直接改变、改善劳动者阶层的生活状况，增加其安全感和满足感。当这种良性竞争成为普遍的社会意识时，就会成为中国梦的重要基石。尊重和保护一

❶ 马克思.资本论：第1卷[M].北京：人民出版社，2005：928.

切有益于人民和社会的劳动，让这些劳动者都能获得平等的权利和公正的对待，让劳动者都能得到社会尊重，更利于激励全国人民为实现国家富强和民族振兴而团结奋斗，更有利于实现中华伟大复兴的中国梦。

第二节　劳模精神的核心要素

党的十九大报告中指出："建设知识型、技能型、创新型劳动者大军，弘扬劳模精神和工匠精神，营造劳动光荣的社会风尚和精益求精的敬业风气。"报告中把劳模精神与工匠精神提到同等战略高度，可谓高屋建瓴，顺应了历史潮流。从更高层面看，两者并非简单的并列关系，而是你中有我、我中有你。可以说，工匠精神是劳模精神的重要构成要素，也是劳模精神当代品格的核心体现，工匠精神为当代劳模注入新内涵。我们应该以习近平同志关于工匠精神的系列重要讲话精神为指导，既要理解工匠精神的科学内涵，又要认识到工匠精神与劳模精神的内在关系和所体现出的时代特色。

一、劳模精神三要素

（一）敢于挑战、勇于创新是新时代劳模精神的鲜明特色

面对日新月异的科技发展，日趋激烈的国际竞争，以及各种困难和挑战，他们迎难而上、勇于登攀，以岗位为舞台，以创新为动力，工作不息、奋斗不止，带动群众积极进取并投身改革开放和社会主义现代化建设中，增强了我国技术创新能力，加快了经济发展方式的转变，为国家和人民建立了杰出功勋。在他们身上不断涌现出创造、创新、创业的精神。这表明劳模不仅有吃苦耐劳、硬打硬拼的精神，更有创新精神和家国情怀。创新不问出身，人人皆可成功。他们用自己的先进事迹阐释了劳动创造未来的深刻含义，用自己的成长历程诠释了奋斗成就梦想的真谛，用自己的骄人业绩展现出当代中国劳动者的伟大力量。

（二）爱岗敬业、甘于奉献是新时代劳模精神的不变本色

劳动没有高低贵贱之分，任何一份职业都很光荣。他们都是在平凡的岗位上，将自己的远大理想同脚踏实地干好本职工作紧密结合，他们兢兢业业、任劳任怨，热爱自己的事业，珍惜自己的岗位，始终把心思和精力用到工作中，把才华和干劲用在事业上。他们牢记使命、报效祖国，在平凡的岗位上创造出不平凡的业绩，用劳动奏响

着时代的主旋律。他们的精神再次对劳动创造美好生活，劳动成就幸福梦想，劳动开创光辉未来进行了完美阐释。

（三）精益求精、完美卓越是新时代劳模精神的不懈追求

科学和技术密不可分。无论多高端的技术、多先进的设备、科技含量再高的产品，都是需要技术工人来落实、操作、生产的。在对技术、技能、技艺要求越来越高的今天，他们以苦为乐、以累为荣，勤学技术、苦练本领，执着专注、追求卓越，以中国精神打磨"中国品牌"、助推产业转型升级，不断发展工人阶级先进性。三百六十行，行行出状元。在劳动模范这个闪光群体的影响和引领下，一大批普通工人，通过自己的勤学苦练，成长为具有精湛技艺、高超技能的人才，在生产实践和国际大赛上为祖国赢得了荣誉，为中国工人争了光，成为了不起的中国工人。

踏着时代发展的节拍，与时俱进的新时代劳模精神展现出了生机盎然、蓬勃向上的力量，彰显出时代前进的足迹。新时代的劳模继承了老一代劳模勇于奉献、踏实苦干以及做国家建设奠基石的优秀品德，展示出进取创新、追求卓越和争做先进生产力推动者的时代风采，在知识型、技能型、创新型劳动者中成为佼佼者和领跑者。

二、做新时代的奋斗者

2018年4月30日，习近平总书记回信勉励中国劳动关系学院劳模本科班学员时指出："社会主义是干出来的，新时代也是干出来的。希望你们珍惜荣誉、努力学习，在各自岗位上继续拼搏、再创佳绩，用你们的干劲、闯劲、钻劲鼓舞更多的人，激励广大劳动群众争做新时代的奋斗者。"

我们身处大有可为的新时代，理应以劳模为榜样，弘扬劳模精神，每一位新时代的奋斗者都应坚定信心振奋精神，立足本职扎实工作，勤奋做事、勤勉为人，不断提升自身科技素质，坚持奋斗去创造更加美好的生活，通过劳动来续写奋进的新篇章，通过劳动来书写无悔的幸福人生。

这是一个继往开来的时代，这是一个成就英雄、成就梦想的时代。在新的历史起点上，加快经济发展方式转变，全面建设建成小康社会，发展中国特色社会主义事业，实现中华民族伟大复兴，是时代给予我们的光荣与梦想，也是时代赋予我们的责任与使命。劳模精神充分彰显了社会主义核心价值观的深刻内涵，体现出亿万劳动者的劳动热情，激发了广大劳动者的创造活力，凝聚了全国各族人民的智慧，在改革开放新的历史时期展现出新的强大力量，也让全世界都看到了中国人特有的中国风范、中国气派。

第三节　新时代劳模精神的具体表现

劳模精神是劳模之所以成为劳模、在平凡岗位上做出不平凡业绩所坚持坚守坚定的基本信念、价值追求、人生境界及其展现出的整体精神风貌。

一、爱岗敬业、争创一流的精神

（一）爱岗敬业是劳模精神的本分

爱岗敬业是爱岗与敬业的总称，是职业道德要求，是劳模精神的基础。爱岗和敬业，互为前提，相互支持，相辅相成。"爱岗"是"敬业"的基石，"敬业"是"爱岗"的升华。爱岗就是热爱自己的工作岗位，热爱本职工作；敬业是要用一种恭敬严肃的态度对待自己的工作，是对职业的敬畏和热爱而产生的尽职尽责的职业精神状态。敬业可分为两个层次，即功利的层次和道德的层次。

（二）争创一流是劳模精神的灵魂

争创一流是必须立足本职、爱岗敬业的职业精神，做自己爱做的，爱自己所做的。发扬中华民族"敬业乐群""忠于职守"的传统美德，敬业是中国人的传统，也是当今社会主义核心价值观的基本要求之一。工作中始终要"执事敬""事思敬""修己以敬""专心致志，以事其业"。"干一行，爱一行；钻一行，精一行"，劳动者要不断追求一流的技术水平，干出一流的工作业绩，创造一流的工作效率，努力服务于社会、服务于人民；以追求卓越的进取精神，争做改革发展的推动者、社会和谐的促进者，以勤奋劳动成就梦想、以诚实劳动铸就辉煌、以创造劳动续写荣光。

二、艰苦奋斗、勇于创新的精神

（一）艰苦奋斗是劳模精神的本色

艰苦奋斗是我们党在长期的革命、建设过程中形成的优良传统和作风，也是我们党的政治本色。艰苦奋斗的精神在不同的历史时期有不同的时代内涵，在不同的劳动岗位有不同的具体要求。

新时代坚持艰苦奋斗是政治本色。艰苦奋斗是时代精神，是一种崇尚节约、艰苦朴素、反对铺张浪费的生活作风，更是一种不畏艰难、与时俱进、锐意进取的思想品格。国因艰苦奋斗而强，党因艰苦奋斗而兴，人因艰苦奋斗而立。一个人要生存和发展，都离不开艰苦奋斗。

艰苦奋斗是个人的"修身"之道，它是一种生活准则、一种工作作风、一种利益观念、一种精神状态，是幸福、快乐之源，可谓是一种高尚的奋斗目标和人类共同的价值方向。

（二）勇于创新是劳模精神的核心

艰苦奋斗是一种勇于创新的精神，更是赋予创新创造的伟大实践。新时代弘扬共产党人的艰苦奋斗精神，最终要落实到行动上，体现在实践中。伟大事业始于梦想，基于创新，成于实干。"道虽迩，不行不至；事虽小，不为不成。"共产党人要"不畏浮云遮望眼"，敢于迎难而上，以坚韧不拔的奋斗精神，创造出实实在在的业绩；要自强不息，开拓奋进，在任何时候都不懈怠，不涣散奋斗意志，努力创造出无愧于时代、经得起实践检验、为人民群众所称赞的工作业绩；要形成人人艰苦奋斗的良好氛围，把艰苦奋斗精神一代一代传承下去。

我们要勇于创新劳模精神的禀赋，中国梦要靠创新突破走向现实，创新是实现中华民族伟大复兴中国梦的引擎和强大动力。奔驰大地的复兴号、飞架三地的港珠澳大桥、九天揽月的嫦娥四号、服务全球的北斗系统，它们都是不断探索创新的结晶，是"中国创新"再结硕果的集中展现，也是新时代劳模精神的具体体现和缩影。

广大劳动者要拿出"逢山开路、遇水架桥"的精神攻坚克难，培养创新意识，强化创新思维，在变革中勇于创新，在创新中赢得未来，要努力成为各行各业的行家里手，开发新产品、推广新技术、应用新工艺，让创造、创新、创业的智慧竞相迸发，当好推动创新发展的"主力军"，用更多创新成果照亮人民群众的美好生活，用创新突破推动中华民族伟大复兴。

三、淡泊名利、甘于奉献的精神

（一）淡泊名利是劳模精神的境界

淡泊名利是一种境界。"淡泊"是一种古老的道家思想，是重义轻利的道德准则。即不注重外在的名声与利益，不追求名利。淡泊并不是力不能及的无奈，也不是心满意足地自赏，更不是碌碌无为的哀叹，淡泊就是超脱世俗的诱惑和困扰，实实在在地对待一切，豁达客观地看待一切生活。一个秉持淡泊心态的人，会少了贪欲，多了清廉；少了争斗，多了内省；少了计较，多了奉献。弘扬劳模精神就要做到计利国家、无私忘我，在祖国最需要的地方艰苦奋斗、建功立业，在平凡的岗位上苦干实干、创造实绩。

（二）甘于奉献是劳模精神的底色

一个国家、一个民族的生存和发展，需要千千万万个脚踏实地的行动者和默默耕耘的奉献者。无私胸襟、奉献精神是一笔弥足珍贵的精神财富。把淡泊名利、甘于奉献转化为自己的信念动力，融入自觉行动，争做不务空名的行动者和兢兢业业的奉献者，在工作岗位上潜心修炼，坚持工匠精神，在面对荣誉时，做到"功成不必在我，功成必定有我"的精神担当，为社会主义事业的发展奉献自己的力量。

奉献精神是劳模自我发展的动力源泉。讲奉献，就是要有一颗为党为人民矢志奋斗的心，有了这颗心，再怎么艰苦也是美的、再怎么付出也是甜的，讲奉献就应该不计较个人得失，把党和国家利益放在高于一切的地位。把"淡泊名利、甘于奉献"作为立身之本、为人之道、成事之要，准确把握"小我"和"大我"的关系，夙夜在公、勤勉工作，以奋斗者的姿态谱写新时代劳动之歌，用辛勤劳动创造中国人民的美好生活、中华民族的美好未来。

中华儿女用辛勤的劳动创造了中国灿烂的历史文化，锻造了中国人朴实、勤奋的优秀品格。这一品格始终贯穿于社会生产的发展和实践当中，不断推动生产力的进一步发展，艰苦奋斗、甘于奉献、不为名利的劳动精神也在历史文化中熠熠生辉。

四、新时代劳模精神的政治品格

经济和社会发展需要劳模精神的示范引领。2012年以来，全国各行各业、各条战线上涌现出一批又一批劳动模范和先进工作者。他们在各自的岗位上拼搏竞进，在各个领域大显身手，在各条战线施展才华，以"爱岗敬业、争创一流，艰苦奋斗、勇于创新，淡泊名利、甘于奉献"的劳模精神，影响了一代代人；用辛勤劳动、诚实劳动、创造性劳动，努力创造无愧于时代、无愧于历史、无愧于人民的崭新业绩。

（一）坚定信念跟党走

新时代的劳模是自觉用习近平新时代中国特色社会主义思想武装头脑，始终做到与党和国家的事业同呼吸、共命运、心连心，做永远听党话、跟党走的时代先锋。自觉把实现个人理想、家庭幸福与国家富强、民族振兴的中国梦紧紧联系在一起，与全面建成小康社会、开启基本现代化建设新征程各项实践紧密结合在一起，用劳动创造价值、用奋斗成就梦想，更好展示新时代劳动者的新面貌、新作为。

（二）爱岗敬业争先锋

新时代的劳模践行新发展理念，自觉做社会主义社会发展的推动者、促进派、排头兵。他们是知识型、技能型、创新型劳动者大军的典型，他们耕耘在科技创新一线，学习掌握新的科学文化知识和专业技术知识，踊跃参与群众性经济技术创新活动，争做知识型、技能型、创新型劳动者。他们以"质量为本、匠心致远"的价值取向，以高标准、高水平、高品质锻造更多更好的"大国重器"，成为"大国工匠"。

（三）勇于创新攻难关

新时代的劳模奋战在各行各业生产第一线，他们在逆境中奋起、在克难中前行、在奉献中建功。他们具有学习创新的时代特质，以超群的智慧出高招绝活，百折不挠攻克技术难关。新时代劳动模范和先进工作者是坚持中国道路、弘扬中国精神、凝聚中国力量的楷模，他们以高度的主人翁责任感、卓越的劳动创造、忘我的拼搏奉献，为全国人民树立了学习的榜样。

第四节　新时代劳动模范的行动指南

劳模精神是激励广大职工团结奋进、战胜困难的强大精神动力。广大职工应当深入学习中华人民共和国成立以来各个时期、各行各业涌现出来的劳动模范和先进模范人物，以他们的崇高思想、先进事迹、优秀品质为楷模，使劳模精神不断发扬光大，始终保持工人阶级昂扬向上、奋发进取的精神状态，并用工人阶级的先进思想和模范行动影响和带动全社会。

践行劳模精神，就是要以劳模为榜样，学习他们牢记使命、忠诚执着；学习他们爱岗敬业、尽心尽责；学习他们利民为民、无私奉献；学习他们乐观豁达、积极向上。要像劳模那样，热爱本职工作，从平凡小事做起，从具体工作做起，让平凡的岗位散发出耀眼的光芒，为贯彻和落实科学发展观、构建社会主义和谐社会作出应有的贡献。新时代，劳模精神的成长路线就是做"四有劳模"，即有理想、有道德、有文化、有纪律。

一、做有理想的劳模

理想是人生的奋斗目标，是民族前进的精神动力。没有理想就没有希望，没有希望就没有实现理想的力量。坚定的理想信念，是人生的精神动力，是做好工作、克服困难、开拓创新的力量之源。中华人民共和国成立60多年来，不同时期、不同岗位涌现出的劳模身上，总是有一种坚韧不拔、不畏艰险、顽强拼搏的可贵精神，并善于把自己的事业追求和人生理想转化为现实。

新中国成立初期的劳模努力自学成才，坚持岗位成才，无论身处顺境、逆境，都牢牢把握自己，以服务他人、攻坚克难为乐，把自己的生存发展与人类个体、群体、整体，与自然万物的和谐发展融合在一起。因为有理想、有信念，因为讲认真、讲奉献，他们的人生境界才在推动文明发展、社会进步的征途上豁然开朗。

理想与现实有着辩证的内在联系。理想来源于现实，是对现实的某种反映；理想是未来的现实，现实是理想的基础。不能成为现实的理想，或者是背离现实的理想，都是毫无意义的理想。要正确处理理想与现实的关系，不能以理想来否定现实，也不能以现实来否定理想。对于广大职工来说，只有立足本职，干一行专一行，才有可能去实现自己的理想。

我们要自觉坚持用中国特色社会主义理论体系武装头脑，提高贯彻党的路线方针政策的自觉性，推进改革开放，促进经济发展，维护社会稳定。了解中国国情，增强民族自豪感和历史责任感，将爱国家、爱企业、爱本职工作紧密结合起来，为各项事业的发展多作贡献。树立正确的世界观、人生观、价值观，胸怀全局、目标远大，严于律己、弘扬正气。

二、做有道德的劳模

践行劳模精神，就是要大力弘扬爱国主义、集体主义、社会主义和艰苦创业精神，正确处理个人利益、集体利益和国家利益的关系，识大体、顾大局，自觉做到个人利益服从集体利益，眼前利益服从长远利益，局部利益服从整体利益，把为人民服务作为人生最有价值的追求，自觉抵制拜金主义、享乐主义、个人主义等思想的侵蚀，不断加强思想道德修养，在企业做个好职工，在社会做个好公民，在家庭做个好成员。

践行劳模精神，尤其要重视职业道德。职业道德是一个人的职业态度、奋斗目标、工作目的、事业责任心和劳动积极性的综合体现。职业道德包括爱岗敬业、诚实守信、办事公道、服务群众、奉献社会。要养成高尚的职业道德，就要在本职岗位上始终自觉地用高尚的职业道德规范自己的言行，激励自己创造一流业绩。同时，要坚决与各种违反社会主义职业道德的人和事作斗争，带头反对和抵制各种置企业声誉和财产于不顾、投机取巧、极端自私、贪污腐败和严重损害党的形象的行为，使高尚的职业道德在企业的建设、改革与创新的实践中蔚然成风。

三、做有文化的劳模

单纯的苦干、实干、不怕牺牲，只能代表劳模含义的一部分。在科学技术日益发展的今天，劳模精神还体现在创新、智力、技术等方面。当代劳模是执着的知识渴求者，在知识社会和新经济条件下，他们深刻理解"知本"与资本增值的关系，非常注重自身的人力资源投资和实践知识的积累，并最大限度地转化为工作中的人力资本优势，从而在知识更新中把自己锻造为复合型的劳动能手。同时，劳模用先进的科学知识和劳动技能引导和鞭策着其他人锐意进取、勤于学习、刻苦钻研，创造更多的自我价值和社会价值。

金牌工人许振超曾在清华大学语重心长地说："一个人可以没文凭，但不可以没知识；可以不进大学殿堂，但不可以不学习。只有知识才能改变命运，只有发奋学习才能成就未来。"这正是劳模学习精神的真实写照。劳模的学习精神既反映了工人阶级自强不息、艰苦奋斗、爱岗敬业、奋发向上的传统美德，也反映了中国劳动者勤奋学习、能思善想、开拓创新、勇攀高峰的精神风貌。因而，劳模的学习精神是新形势下劳模精神的精髓所在。践行劳模精神，首要的就是要像劳模那样不断学习、勇于进取、与时俱进。"工欲善其事，必先利其器。"学习是文明传承之途、人生成长之梯、国家兴盛之要，是丰富职工群众精神家园的重要途径。当代劳动分工越来越细，技术含量日益增加，竞争越来越激烈，对每个职工的文化知识、业务水平、技术素质的要求也越来越高。

四、做有纪律的劳模

纪律和规则是保障我们工作不犯错误的前提。如果没有坚定的纪律观念和规则意识，就会导致责任心不强、作风涣散、不作为或乱作为等现象，甚至会违法乱纪、腐败堕落。没有规矩，不成方圆，铁的纪律是干好工作的保障。只有具备坚定的纪律观念，坚持原则，时刻注意自己的言行，服从组织，听从指挥，围绕中心，服务大局，对党和人民群众负责、对自己负责，才能真正做到爱岗敬业，才能将工作做对、做好。

践行劳模精神，就是要模范遵守国家法律，严格依法办事，严守组织纪律。脑中常绷法纪这根弦，不越雷池，不踩红线，不闯红灯，不碰高压，有令则行，有禁则止。严格遵守法律法规和所在岗位的各项制度，自觉地按规定办事，善于运用法律规范自身行为，维护自己的合法权益，坚决同危害民族团结、国家安全和社会稳定的各种违法犯罪行为作斗争。

践行劳模精神，就是要"干干净净""政治上跟党走，经济上不伸手，生活上不丢丑"。政治上保持清醒头脑，不留污点；经济上清正廉洁，不为金钱所诱惑，无贪财之心；生活上严格律己，洁身自好，不为情色所动。坚持原则不能动摇，执行标准不能走样，履行程序不能变通，遵守纪律不能松弛。

作为职工，践行劳模精神还需要自觉遵守职业纪律。职业纪律是在特定的职业活动范围内从事某种职业的人们必须共同遵守的行为准则，包括劳动纪律、组织纪律、财经纪律、群众纪律、保密纪律等基本纪律要求，以及各行各业的特殊纪律要求。遵守职业纪律可以维护正常的工作流程和安全生产，保证企业单位劳动生产顺利有序进行，促进企业单位健康发展；促使职工安全规范地行使自己的劳动权利，提高劳动效率，进而提高企业单位的生产绩效水平、科学管理水平和企业文化水平。

第五节　新时代劳动模范典型人物

一、"工人院士"李万军

艰难的起步

1987 年 8 月，19 岁的李万军职业高中毕业后被分配到长春客车厂。也许我们并不熟悉长春客车厂，但我们乘坐的地铁、动车、高铁，很多都是这里生产的，现在它是我国知名的轨道客车研发、制造、检修及出口基地。刚进入长春客车厂时，李万军被安排到水箱工段，这属于是配焊车间最苦最累的工作。李万军的父亲也是该厂一名职工，是厂里的劳动模范。他一度因为父亲而感到光荣，但真正走上工作岗位后，他才发现水箱焊工工作的艰苦是难以想象的。

当时有段顺口溜形容水箱焊工："远看像逃难的，近看像要饭的，仔细一看是水箱工段的。"水箱焊工的车间里常年保持着高噪声、高浓刺鼻气味的状态。尤其是夏天，焊枪喷射着烈焰，致使车间始终保持着高温，蚊虫都十分稀少，工人的呼吸都十分困难。极端的热，透心的凉，是水箱工作环境的真实写照。

这样艰苦的工作让大部分人都早早离职，年初入厂的 28 名工人，年底只剩下 3 个，李万军就是其中之一。这一干，就是十年。直到水箱工段变为转向架焊接车间。

焊接工作虽然没有水箱工段那么辛苦，但也不是轻松的工作。李万军没有任何抱怨，又开始了在焊接车间的勤学苦练。厂里规定每个月焊接的目标是 100 个，但是李万军保持着每月 120 个的工作量。别人认为这是辛苦的工作，他却认为这是锻炼自身技能的机会。

时间造就工匠，机会只留给有心人。某年冬日，工厂水管直接冻裂了，水流不止，影响生产进度。由于水流太大，厂里的老师傅都没法焊接修理好。抱着试一试的态度，车间主任找来了李万军。他仔细观察，反复琢磨，想出了一个焊接方案。随后，他在裂口处焊上了一个带螺纹的管座，让焊接的气体从中排出，解决了焊接的最大难点：大量气体不断排出，顺利完成焊接，成功修复了水管。

1997 年，李万军代表客车厂参加长春市电焊工人大赛，凭借精良的工艺，轻松夺冠。此后，李万军的技艺更是稳步上升，顺利考取了碳钢焊接、不锈钢焊接等 6 项国际焊工技师资格证书，成为焊接大师。成为像父亲那样的劳模曾是李万军的心愿，但现在，李万军已成为父亲的骄傲。为了适应我国经济的高速发展，生产出更快速更高水平的铁路客车，2008年，长春轨道客车股份有限公司引进德国西门子时速350公里高速动车组技术。德国的工艺标准是全新的，要求每名转向架焊接的上岗工人必须取得国际焊工证书。而德国人提供的转向架焊接试验片，只有李万军能焊出来。

名师出高徒

为了新项目，公司从技校招来400多名学生让李万军培训，要求他们在最短的时间内上岗。昂贵的生产设备无人能用，白纸一样的学员，技校毕业的新员工有的连数学换算都不会，培训难度超出想象。李万军常常愁得彻夜不眠。

到底该怎么办呢？李万军不断琢磨，他想到了孔子的"因材施教"，决定把学员分类，根据他们的体态胖瘦、走路步伐、运用焊枪的习惯姿势等特点进行分班教学，制订不同的训练方案，再将复杂的工艺操作过程拆解开来，分成具体步骤，一步步讲解，一拨拨示范。那时候李万军走路都带着风，上厕所都要挤时间，生病了也顾不上去医院，只用药撑着，没多长时间，他就瘦了十多公斤。最终，奇迹出现了，400多名学员全部提前半年完成培训任务，拿到了国际焊工资格证书，为打造一批"大国工匠"储备了坚实的新生力。德国西门子的焊接权威布鲁诺也对此大加赞扬，他敬佩地用不太标准的普通话说："李，你创造了奇迹。"这番话不仅是因为李万军的技术精湛，更是因为他培养的徒弟得到了他的真传，个个都拥有了一流的焊接水平。

李万军自己也没有想到会有这样好的效果，这次的培训给他带来了极大的收获。从此，他在培训焊接专业人才的路上越走越远，还成立了自己的工作室。2011年，他的工作室被国家相关部门授予"李万军大师工作室"称号。近年来，李万军的工作室先后组织了几百场培训，为国家培训焊工一万多人次，工人们考取了各种国际、国内焊工资质证书二百多项，为高速动车组、城铁车、出口车等二十多种车型的生产一线提供了不可多得的技能人才。这些年来，李万军的目光放得很长远，他不仅承担着为本单位培养后备技术工人的重任，还利用自己的"大师工作室"这一平台，帮助外单位的技术工人培训，将自己的技艺无私传承下去，因为他深知："技能，传承下去才有价值。"他三次被长春市总工会聘为"高技能人才传艺项目技能指导师"。同时，李万军还将自己毕生的技能归纳总结并撰写成书，供更多的工人和专业人才学习，而他的著作也已经变成广大焊工的操作规范。作为李万军的徒弟，董泽民深有感触地说："在我们眼中，师傅是一个传奇人物。无论多难的焊接作业，在师傅手中都能完美地完成。"董泽民回想起自己刚刚入厂时，因技术生疏，动手能力不强，甚至不太敢动手操作，是师傅李万军手把手、一点点领着他操作，让他学到了很多书本上没有的技巧。

通过不断创新而成为非凡的"大国工匠"的李万军对自己要求很高，他认为每一个焊件都容不得半点儿马虎，有一点儿瑕疵都是失误，他从不用"差不多"来为自己的失误找借口。一次又一次地试验，一次又一次地克服新的困难，李万军的焊接技艺早已炉火纯青，那把焊枪也早已能跟着他的想法而动，达到了"出神入化，人枪合一"的境界。

新的突破

2007年，长春轨道客车股份有限公司开始研制生产时速250公里的动车组。当时，这可是全国铁路第六次大提速。李万军又遇到了"史无前例的困难"。按照以往的经验，列车转向架的横梁与侧梁间的接触环口需要焊接的段数较多，而整车约50吨的重量还要靠它来承载，因此它就如同建筑物的承重墙一样。可段数多就会带来接头不融合的缺陷，质量自然无法保证。李万军想：既然焊接段数有隐患，能否一枪把这个环口焊下来呢？他在研讨会议上提出了这个想法，但法国的专家认为这是一件不可能完成的事。李万军没有与他争执，在耗时一个月的反复钻研摸索后，李万军实现了一枪焊完整个环口的技术突破。他成功实现了当初的设想，骄傲的法国专家不得不感叹自己的断言为之过早，并对他的技艺水平表示佩服。

中国列车正在提速，中国梦也在加速实现，而这高速度的背后是更高质量作出的保证。李万军攻坚克难，大显身手。最初，中国的列车时速只有80公里，这样的焊接技术并不高，只要焊结实就可以。但是，随着中国铁路技术的成熟，对焊接技术的要求越来越高，原来粗糙的焊接必须保证高精度和高强度，甚至还需要保证一定的美观性，高铁列车时速300公里，哪怕掉落一个焊渣都可能造成无法估量的事故，每一个焊件都得精准焊接，一丝不得马虎。为了战胜困难，李万军成立了一个专门的攻关团队，遇到焊接难题时，团队群策群力，将技能和智慧紧密地结合在一起，突破难关。

在焊接作业上，李万军严格控制每道焊缝的质量，他不放过任何一个细节美。在不懈努力下，李万军将精湛的焊接技术用在了高速车、铁路客车、城铁车上；他还参与了出口澳大利亚、新西兰、巴西、泰国、沙特阿拉伯、埃塞俄比亚等国家的列车转向架项目；他制订出规范的转向架焊接的操作方法、技术要领，技术攻关100多项，其中21项获得国家专利，代表了轨道车辆转向架焊接的世界最高水平。中国的列车在逐步提速，列车的焊接技术也在逐步完善。30年中，李万军用一支焊枪为中国铁路争光。普通的工作他做到了人类的极致，最终成就了自己，成为感动中国人物中的"大国工匠"，也推动了中国制造走向中国创造的进程。

二、航空"手艺人"胡双钱

大飞机是代表一个国家装备制造业能力和水平的重要标杆，大飞机国产也是推动中国经济转型升级的重要载体之一。大飞机作为"国家名片"，是中国梦的重要组成部分。这张"国家名片"的锻造者，是无数的科技工作者。

胡双钱，中国商用飞机有限责任公司的一名高级技师，数控机加车间钳工组组长，不仅亲身参与了"运 -10"飞机的研制，更在 ARJ21 新支线飞机及中国新一代大飞机 C919 的项目研制中作出了重大贡献。在 35 年的钳工生涯里，他加工了几十万个飞机零件。核准、画线、锯掉多余的部分，拿起气动钻头依线点导孔，握着锉刀将零件的锐边倒圆、去毛刺……这些，是他日常的工作。在这重复的工作中，他秉承"一次做好、缺陷为零"的质量理念，用产品质量践行对职业的尊重。胡双钱和他的钳工班组数十年如一日，低调地为大飞机的重要零件进行细微调整，做出了非同寻常的业绩。

父母的希望

1960 年 7 月，胡双钱出生在一个普通的工人家庭，他从艰苦的岁月中长大。农村有句老话叫"荒年饿不死手艺人"，父母觉得让孩子掌握一门技术，将来也是一种可靠的谋生手段。于是，在父母的教诲下，胡双钱从小就想踏踏实实地学门手艺，过上安稳的日子。小时候的胡双钱活泼好动，对飞机充满了好奇。每当看到飞机从头顶上呼啸而过，他都羡慕良久，就这样，他在心底埋下了当一名航空技术工人、造出世界一流飞机的种子，但他从来没有坐过飞机，甚至没有近距离见过飞机。1980 年，从 5703 厂技工学校（上海飞机制造厂技校）毕业后，胡双钱被分配到飞机维修车间。刚进入飞机维修小组，他没有什么修理经验，因而他每天多半是跑工具间，帮助取送不同的维修工具。这项工作简单而枯燥，但胡双钱没有半点怨言。他认为，要掌握好技术，就得从学会准确分辨和了解工具开始。他认真地做好每件事，拿工具总是又准又快，空闲时还拿着工具自己琢磨。一段时间后，他对各种工具的用处了如指掌。熟悉了工具后，胡双钱正式开始了他的焊工生涯。

他是大家眼里灵巧的小师弟，干起活来麻利、勤快，学起东西来也是劲头十足。飞机是庞然大物，它的零件加工都是十分精密、技术难度大的精细活，胡双钱认真学习，深入思考，大胆实践，耳濡目染中学到了许多技巧和方法。功夫不负有心人，经过理论学习和技术钻研，胡双钱很快就能独立操作上工。20 岁那年，上海飞机制造厂组织技术大赛，年轻的胡双钱凭借初生牛犊不怕虎的精神，积极报名参赛，结果在赛场上一鸣惊人，取得了第四名的好成绩，令很多老工人都赞叹不已。这次比赛给了胡双钱极大的鼓舞。后来，凡是遇上技术比赛，胡双钱就踊跃报名参加，因为他想通过这一平台不断学习、不断钻研、不断提高。

岁月的坚守

在技校实习期间，胡双钱跟着老师参与了"运 -10"飞机零部件的加工生产，这是一次十分难得的实践机会，他十分珍惜，并且加深了自己对飞机的兴趣。

实习期满后，胡双钱来到上海飞机制造厂数控机加车间钳工组。他踏实肯干的性格很受欢迎，自身也很快成长起来，技术能力得到提高，维修经验也逐渐积累起来。在这期间，"运-10"飞机完成了完美的首飞。这是中国人在民用航空领域自主研发的大飞机，承载着无数研发人员的辛苦和梦想，参与"运-10"飞机零部件的加工生产也成为他一生中最骄傲的事情之一。

然而，喜悦还没散去，阴霾就开始笼罩。由于多种原因，"运-10"项目最终下马，原本聚集了中国航空制造精英人才的上海飞机制造厂突然变得格外冷清，无数研发人员失落地离开。不少有水平的技术人员离开岗位，到外企、私企就职，一支费尽九牛二虎之力聚集起来的飞行队伍渐渐散了，剩下部分员工还在坚守着岗位，见证着这里的繁华和兴衰。技艺出众的胡双钱自然受邀到一家私营企业就职，企业的老板甚至开出了当时是他工资3倍的高薪，但他拒绝了。他不想离开飞机，因为那里承载着他的梦想。他留了下来，选择了坚守。

在困境中求生存，需要付出更大的心血和忍耐力。建造"运-10"飞机的项目被叫停后，工厂只能承接一些民用小电器的生产和制造，业内人称之为"民品"。就是民品，也能练技术。胡双钱虽然有些惋惜，却也并不觉得浪费，他绝不能丢了焊接这门手艺。值得高兴的是，胡双钱用造飞机的技术生产出来的民用小电器，如电风扇、绞肉机等，价廉物美，深受市场的欢迎。

1985年4月，美国麦克唐纳·道格拉斯公司和上海飞机制造厂签署了生产25架MD82飞机的合同。他这一次又可以接触飞机了，胡双钱无比激动，全身心地投入到工作中。

2003年，胡双钱开始参与ARJ21新支线飞机项目。这一次，他对质量有了更高的要求，几十年的积累和沉淀终于有了用武之地。

2006年，中国新一代大飞机C919立项，胡双钱更有自信和斗志。2015年11月2日，C919大型客机首架机正式上线，这对于担任大飞机制造的首席钳工技师胡双钱而言同样意义非凡，这也标志着他坚持了35年的梦想终于实现。

5年，10年，15年，35年，他经手过无数的飞机零件，但是却没有出过一件残次品，对于这个令人震惊的纪录，胡双钱却很淡定，没有什么豪言壮语，有的只是平淡的两个字：用心。

经典细琢、大国匠心。"慢、稳、精、准"，凭借多年积累的经验和对质量的执着追求，胡双钱在ARJ21新支线飞机零件制造中大胆进行工艺技术攻关创新。

2008年5月11日，中国商用飞机有限责任公司在黄浦江畔成立。这个好消息让胡双钱热血沸腾。

他全身心地投入到工作中，全天都在数控机加车间里，打磨、钻孔、抛光，每一个细节都不马虎。飞机上的零件多样，上至五六米，下至几毫米，他都能做到分毫不差。

胡双钱不仅需要按工作计划加工形状各异的零部件，还要负责处理临时性质的"救急任务"。一次，厂里急需一个十分特殊的零件，但从原厂调配需要几天时间，现在只能在现场临时加工。零件的精度要求是 0.24 毫米，不到发丝直径的一半。当时，厂里员工一致认为必须用高精密的机床才能加工，但厂里没有对应的设备。胡双钱勇挑重担，硬是靠着自己的双手和一台传统的铣钻床，且仅仅用了一个多小时，就打出了 36 个合格的孔。

团队的力量

一人好不算好，一个团队好才是真的好。胡双钱作为公司数控机加车间钳工组组长，主要负责 ARJ21-700 飞机项目的零件生产、C919 大型客机项目的技术攻关，并承担青年员工的培养工作。他陷入了思考：怎样才能把自己的技术传承下去，让更多的钳工成长起来？除了教育、培训，没有其他捷径可走。只有把团队中的所有成员有效地组织起来，使大家团结在一起，勤学，乐学，才能发挥出团队的无穷力量。胡双钱觉得只有发挥徒弟们的主观能动性，才能使他们更熟地记住操作的关键点，更快地掌握关键技术。他不是简单地手把手教徒弟怎么干活，而是点出关键点，让他们自己琢磨、领悟，让他们从失败中吸取教训，从成功中获得经验。在他的指导下，在上海飞机制造有限公司举行的两届技能大赛中，胡双钱所在班组的参赛选手每次都名列前茅。胡双钱是诲人不倦的老师，不仅拥有崇高的师德，更拥有一名钳工的艺德，备受大家敬佩。

胡双钱怀揣着造飞机的梦，从青年到中年，从意气风发到沉稳内敛，在坚守的路途中，他没有退缩放弃，没有失去信心，更没有徒手等待。他在一次次的零件加工中提升自己的技术，在一次次的挑战"不可能"中锤炼自己的能力。匠人精神，或许起源于简单的操作，却停留在了最伟大的情怀。胡双钱，正是在不断的追求和打造中，获得了事业上的那份极致和完美。

三、"矿山铁人"艾有勤

艾有勤，全国劳动模范。河北唐山人。河北省开滦矿务局唐家庄煤矿采煤三区采支小队长、采煤工，被誉为 20 世纪 80 年代的"矿山铁人"。他 28 岁时由农民当上矿工以后，勤学苦练，吃苦耐劳，很快就成为生产骨干，多次创造本矿采煤工每班采支的最高纪录，常常一个人就能完成二至四个人的工作量。1987 年被国务院命名为全国劳动模范。曾受到邓小平、江泽民等党中央领导接见。

矿工就要多出煤

60年代，大庆油田出了个铁人王进喜。80年代，在开滦矿务局唐家庄矿出了一个矿山铁人——艾有勤。

28岁老实憨厚的农民艾有勤，迈进了社会主义矿山的大门，当上了一名采煤工。实现了梦寐以求的愿望，他心里有说不出的高兴。他说："当农民，就要干好庄稼活，多打粮食；当矿工，就要多出煤，支援国家建设。"从入矿那天起，他就以矿山主人的姿态，一心贴在了煤炭事业上。

在唐家庄矿，当个采煤工比农民辛苦得多。这个矿开采年限长，地质条件复杂，机械开采用不上，只能依靠人工采煤。人们说，煤矿最艰苦的工作在井下，最累的活儿是采煤。在通常情况下，每班每个人要挖出近20吨煤。这样累的活，就是一个熟练采煤技术的棒小伙子，上一天班也要累得筋疲力尽了，何况是个刚进矿不久的农民。不过，艾有勤的性格是倔强的，他想："既然当了矿工，就得好好干下去。"从此，他不分白天黑夜地跟着老师傅李景华干活，向师傅学到了技术，也学到了一些社会主义思想，也学习了开滦工人"特别能战斗"的光荣传统。不到一个月，他就能在井下独立作业，两个月后，其技术的娴熟程度就超过了师傅，入矿当年，矿里的光荣榜上就有了他的名字。

在艾有勤的眼里，时间比金子还珍贵。他恨不得把一分钟掰成120秒来用，争取多打高效，多出煤。采煤工的定额是每人每班打4根桩，而他经常是每班打6根、8根、10根。有一年夏季，为扭转全局、全矿的生产被动局面，矿领导发出了战高温、斗雨季、夺高产的采工高效竞赛，他带头苦干拼搏，连续11天创出每班打桩13根的高效纪录，效率提高了两倍多。他边工作边总结经验，总结出了"班前抓准备，班中巧安排，全班抢时间"的一套高效的经验。有一天，他在班长分任务时，主动要了16根柱的任务。班长一听这个数字，都惊呆了：16根！光运料就要两整叉车。采出80多吨煤，这是4个人的工作量，就是干劲再足也难完成啊！面对班长的疑虑，他斩钉截铁地说："要献身于煤炭事业，就是要敢创一流，我早有思想准备，你就让我试试吧。"班长见他态度坚决，只好答应了。他领了任务后，提前进采面做准备，别人刚进采面，他已经利索地把48根用料码在了自己的岗位上，当别人开始运料时，他已攉煤握板。凭着他的健壮身体和娴熟的采煤技术以及时间上的灵活安排，一个班最终打桩16根，创了全矿最高纪录。

为了多出煤，他上班有时间，下班没钟点，经常带着两盏灯，提着两书包干粮下井，一干就是两三个班。他多少次吃着干粮就睡着了，因为困乏，累倒在井下，跌倒在回家的路上；又有多少次矿领导命令他马上上井休息，放下电话，他又回采面干了起来。他的师父李景华，看着他那布满血丝的眼睛，感叹地说："真没见过像你这样能干的，你真是个矿山铁人。"从此，"矿山铁人"的称号就和艾有勤的名字连在一起了。

1985年3月1日，艾有勤为让工友们抄近道早上井休息，替大伙背着工具，不慎滑倒在溜子帮上，右大腿韧带严重撕裂，当即住院做了缝合手术。医生一再嘱咐他："按你的伤势得休息三个月。"可艾有勤只住了几天，就三番五次地磨着要出院。他出院回到家里，躺在床上，还在想着出煤。为了让腿早日恢复，他在墙上钉了一个大钉子，用绳子把大腿吊起来，咬着牙练习回弯。他伸一下腿，就钻心地痛一下，脸上汗珠也随着滚下来。他的妻子和女儿们不忍心让他折磨自己，几次阻拦，但艾有勤不听，仍然坚持练习，即使疼得难受，也是咬着牙说："没事。"他的腿刚能回弯，就下床用双拐练习走路，接着练习骑自行车。艾有勤就是凭着顽强的毅力，提前上了班，当时，区里根据他的伤情，决定把他调到井上做一段清闲工作，等伤腿完全好了再下井，可艾有勤一听就火了，说："我是采煤工，不下井可不行。"区里又想让他担任一段时间的值班班长，艾有勤又是反对，他说："我提前来下井，不是来当官的，也不是来干轻巧活的，是来出煤的。"

人们说，艾有勤对煤有一片痴情。1987年春节，家住农村的妻子再三捎信，让他回家过个团圆年。他何尝不想回家过节呢？已经17年没在家过春节了。可他转念一想，春节期间请假探亲的人多，井下人手紧张，自己不留下谁留下？

他毅然在井下度过了入矿后的第18个春节。18年，在人生的征程上不能算长，但艾有勤在这18年里，在国家急需煤炭的情况下，除完成自己的生产定额外，他还为国家多生产了11万多吨煤，要用火车运，可以装载2200多个车皮。在他身上，充分体现了开滦工人特别能战斗的精神。

有危险，我先上

1976年地震，艾有勤失去了母亲兄弟等6位亲人，他处理好亲人的后事，不顾家中的困难，第三天就返回离家70多里的矿山，投入抗震救灾、恢复矿山的战斗。在抗震救灾、排水保矿的艰苦岁月里，艾有勤曾多次挺身抢险，下井攻难关，日夜战斗在排水第一线。一次，台水泵突然不上水了，艾有勤跳进冰冷刺骨的地下水中，几次潜入水底，排除了故障。在下移28吨大泵时，由于输水管的接茬螺丝松动，水管里的水猛烈地喷射出来，使人不能近前一步，电门也被冲倒，如不及时切断电源，电机就有可能烧坏。艾有勤见此情景，一个箭步朝电门冲过去，由于水流冲力太大，他被水冲倒了，爬起来再往前冲，终于接近了电门，切断了电源，保住了电机。

艾有勤对国家财产是如此，对工友的生命也是如此。他入矿18年来，曾14次舍生忘死抢救工友们的生命和国家财产。1977年3月，唐家庄矿震后煤矿排水进入最后阶段。在4129斜井的一次排水中，一台10吨重的大水泵由于牵引滑轮失灵，突然沿着 28°的陡坡往下滑，下面有两个工人正在作业，眼看一场泵毁人亡的事故就要发生。正在大泵旁工作的艾有勤马上抄起一根木柱，奋不顾身地冲上前，把木柱的一头插在大泵的底部，一头扛在自己的肩上，咬紧牙关，死死地顶住下滑的大泵。此刻，艾有勤心里很明白，一旦自己顶不住，就会和 10 吨重的大泵一起滑到斜井下面，后果将不堪设想。为了保住大泵，保证大泵下面两名工友的生命安全，他早已把自己的生死置之度外。其他工人闻讯赶来，同时一起顶住下滑的大泵，最后排除了险情。

变"加法"为"乘法"

艾有勤深深感到：要振兴煤炭事业，实现一番保两番，光靠自己一个人单枪匹马地干是不行的。一个人的干劲再大，效率再高，只不过是个"加法"。只有带动全小队和周围更多的职工一起打高效，多增产，才能把"加法"变成"乘法"，为"四化"建设多出煤炭。

青年工人王宝利，高中学历，在当时属于"高学历"的一员。刚入矿时，觉得自己是高中生，下井没出息，屈了才。所以，他虽然也完成生产任务，但劲头没有完全使出来。艾有勤很喜欢王宝利，他聪明伶俐，接受新事物快，艾有勤就有意识地接近他，多次找他谈心，到家拜访。艾有勤不会讲太多大道理，也不善于说好听话，只有凭着一颗炽热的心，去温暖他。上班、下班一块走，坐车、排罐拉上几句。艾有勤的诚挚、友爱和关怀，终于叩开了王宝利的心扉，使他明白了工作的意义。思想一通，王宝利的生产积极性也发挥出来了。从 1984 年 6 月开始，他的平均每月效率提高了 40%。王宝利被矿团委评上了青年标兵，入了团，担任了团支部书记，1987 年 3 月，他又担任了采区工会主席。

随着煤炭事业的发展，一批批青年工人走进矿山。艾有勤看到矿工队伍增添了新的力量，打心眼里高兴。可是，他也看到有的青年工人由于受社会上不良风气的影响，打架斗殴，违法乱纪，走上邪路。对这样的失足青年，艾有勤从不歧视，而是真诚地关心他们，体贴他们。青年工人黄晋元因盗窃被劳教了 3 年，他从劳教所里出来后，总觉得没脸见人，整天无精打采。有人说他是"一块劈不开的榆木疙瘩"，艾有勤却说："榆木疙瘩劈不开，是斧子不快。小黄还年轻，只要引导得好，是完全可以变过来的。"于是，艾有勤又一次把帮教黄晋元的任务揽了过来，亲自当他的师父。黄晋元家生活困难，艾有勤为他申请困难补助费。黄晋元的任务完不成，艾有勤帮他干，并且经常找他谈心。黄晋元的妻子过意不去了。一天，黄晋元的妻子送走艾有勤后，对黄晋元说："人家艾师傅活计那么累，工作那么忙，还这样天天帮助你，到底图个啥？还不都是为了你，为了咱们这个家吗？你再不好好干，对得起谁呀？"妻子的一番话，使黄晋元心里很不平静，他反复琢磨：艾师傅和我非亲非故，这么卖力气帮我工作，帮助解决生活困难，大老远地三天两头找我谈心，还不是为了让我在工友面前抬起头，在家里不受埋怨，再不改好，真是忘恩负义了。从那天起，黄晋元像变成了另外一个人，月月出满勤，班班干满点，经常跟着艾师傅打高效。没过几个月，黄晋元成了生产能手，荣立三等功，他的名字上了采区光荣榜。过去认为黄晋元变不了的人也服了，矿上的人感叹地说：啥叫主人翁？啥叫共产党员？艾有勤的行动就是最好的回答。

十几年来，在艾有勤帮助过的工友和带过的徒弟中，有 11 人成为区生产骨干，其中两人入了党，6 人入了团，有的还担任了班长、队长和副区长。在他的带领下，全小队的工程规格质量始终保持在一流水平，全队无旷工、无重伤、无责任事故。

从 1976 年算起，这个队 10 年完成 14 年半的工作量，成为矿、局、市、省的先进班组，1986 年又被全国总工会命名为"全国先进班组"。

艾有勤有性格刚强的外延，同时，又有含而不露的温柔内涵。他爱矿山、爱工人，也爱妻子、爱孩子，也经常为自己没有尽到丈夫的义务、父亲的责任而内疚。

延伸阅读

"我只是一名普通的技术员。"从 2000 年开始进入汽车涂装行业，一晃眼，高孔长已经在涂装一线兢兢业业奋斗了 18 年，这名平凡的技术员在平凡的岗位上却创造了不平凡的业绩。从生产部涂装组实习生，而后成立了"高孔长劳模创新工作室"，再到生产部涂装组技术长，高孔长这位"80 后"小伙子用自己的智慧和毅力，交了一份"还不错"的成绩单。

2000 年，刚从学校毕业的高孔长第一次走出大山，来到位于福州的汽车制造企业东南汽车工作。这也是高孔长第一次接触到汽车喷漆的工作，那时汽车涂装车间作业环境十分恶劣，喷漆工需要穿戴专门的连体衣裤和安全防护鞋。高孔长每天成千上万次地挥舞着两斤多重的喷枪，身上的衣服是湿了又干，干了又湿。面对这份辛苦的工作，很多同事都选择了离开，可高孔长坚持下来了。从喷漆、调漆到喷枪修理，高孔长在整条生产线的 6 个站别、12 个岗位全部历练了一遍，使自己成长为生产线上的"全能王"。

高孔长被称作工厂里的"及时雨"，哪里有问题他就会出现在哪里。面对这样的夸赞，他总是说："我没有什么了不起的，就是用心做好每件事，每天进步一点点""劳模这个称号，是刻在我身上永不褪色的烙印，这是我的荣誉，也是我的责任。"高孔长总是谦虚地认为，自己并没有因为获得了许多荣誉而与众不同。"我唯一能做的，就是坚持本色、不忘初心，做产业工人的榜样，在平凡的岗位上做出不平凡的业绩。"从"草根小子"到"蓝领大师"，从"初出茅庐"到"全国劳模"，立足岗位、脚踏实地，干一行爱一行、钻一行精一行，高孔长用拼搏奋斗诠释劳动精神，以爱岗敬业弘扬劳动精神。

思考题

1. 关于劳动模范，为什么习近平总书记说他们是民族的精英、人民的楷模，是共和国的功臣？

2. 劳动模范在实现中华民族伟大复兴的中国梦的征程中发挥了什么作用？

3. 简述你身边的劳模或你认为出色的劳动者的事迹。

第五章　把握新时代劳动精神，做新时代合格劳动者

导语：

劳动是个永恒的话题，劳动有一定的劳动付出，这种付出也可称之为劳动成本。比如：时间成本、体力成本、脑力成本、财富成本等。但是劳动也可以收获一定的价值，人民通过辛勤劳动获取维系自身生存、家庭经营、社会发展以及文明进步的一切。劳动不仅是一种观念，劳动拥有无限的价值和实际的功能；劳动不仅是一种生存手段，更是自我实现的需要，是一种常态。

教学目标：

认知	情感态度	运用
理解劳动精神的具体内涵	培养学生崇尚劳动的意识——劳动伟大，劳动光荣，以辛勤劳动为荣，以好逸恶劳为耻，尊重劳动者，尊重劳动成果	在学生的学习和生活中，要积极劳动，认真劳动

第一节　新时代劳动精神的思想内涵

新时代，是中国共产党对广大劳动者所付出的实践进行的高度总结和概括，赋予"劳动精神"丰富内涵。这是对马克思主义劳动观丰富和发展的结果，是对劳动者实现中国梦的精神帮助。"劳动精神"的科学内涵要从两点来把握：劳动者和劳动本身，二者是相辅相成的关系。

一、劳动者伟大

精神是人的精神，精神活动也是人的精神活动；劳动，是劳动者的劳动。没有劳动者就谈不上劳动。机械运转是人类产品的一种物质、物理作用，并不是劳动。人类社会的发展规律表明，劳动者是物质财富和精神财富的创造者，中国共产党大力弘扬劳动精神的重要内涵之一，就是劳动者的伟大精神。

（一）劳动者至上

我国是人民民主专政的国家。习近平同志强调，要坚持人民的主体地位。从历史的角度来看，在革命、建设、改革等不同时期，党和国家都将劳动者摆在突出位置。广大劳动者不断发挥历史主动精神和首创精神，为民族独立和国家富强贡献了重要力量。我国劳动者的实践过程，就是党始终重视劳动者和劳动者始终奋发有为并保持积极互动的过程。1921年，毛泽东就提出"劳工神圣"的口号。1954年颁布实施宪法、1994年颁布《中华人民共和国劳动法》。劳动者至上，成为党治国理政的理念之一。时代在变化、社会在进步，但是劳动者至上的精神从未变动过。无论下一步的改革趋势如何，劳动者至上的理念必不能动摇。"精英史观""英雄史观"终究是历史长河中的一粒尘，"劳动者至上"必定是不二法则。

（二）劳动者平等

中国是社会主义国家，一切劳动都应该是平等的，一切劳动者都应该是平等的。无论是脑力劳动还是体力劳动，无论是集体劳动还是个人劳动，都值得被鼓励、值得被尊重。其中的核心就是劳动者之间是一律平等的，不存在歧视和差异。这是和资本主义国家有着根本区分的。改革开放以来，在国家经济发展的同时，少数社会成员对社会发展存在误解，热衷于权力攀叠和财富积累，将权力和财富视为话语权获取的资本，心中产生轻视劳动者的错误观念，这是对国家精神的破坏。历史证明，封建主义将劳动者分为三六九等的时代已经过去，新时代的劳动者之间一律平等。

（三）劳动者可敬

人民是历史的创造者，劳动者的可敬之处就在于他们是推动人类社会变革的根本力量，是实现中国梦的伟大力量。我国在每年的劳动节，都会举办隆重的纪念活动，借此表达党和国家对辛勤工作的劳动者的敬意。目前中国是世界上最大的发展中国家、第二大经济体。中国取得当下的成就离不开广大劳动者的勤劳和奋斗。我们承认当下在意识形态领域，一些精英文学作品塑造了大量的精英形象，普通劳动者形象较少，一些文章在逻辑和推理过程中，减少了劳动者的作用；在经济领域，少数干部做决策忽视了劳动群众的利益诉求，群众路线意识淡薄。这些都是和劳动精神背道而驰的，没有听到劳动者的心声。整体上，我党始终充分肯定工人阶级和劳动群众的伟大，党中央要求保护社会公平正义，发展好劳动者的根本利益，丰富了劳动精神的核心内涵。

二、劳动伟大

劳动者之所以伟大是因为劳动者从事了伟大的劳动。无论是集体劳动还是个体劳动，都是一个个过程组成的，尤其是当下产业链复杂的今天，一件普通的产品是一系列过程的结合。合法、合规、合情、合理的劳动过程是我们需要的劳动，反而言之，有残缺的劳动是我们坚决反对的。

（一）美丽劳动

劳动给人精神上的充实和快乐，劳动光荣、劳动美丽，这种美丽也是平等的，无论是脑力劳动还是体力劳动，都是美丽劳动的一部分。我国是社会主义国家，社会主义的社会风尚就是要崇尚劳动。我们不仅需要一个完美的结果，也需要一个完美的过程，我国的劳动过程具有很高的美学价值。《咱们工人有力量》表达的就是对工人的赞美，时至今日仍在民间传唱。劳动者是美丽的，美丽劳动也是一众劳动者内心飘扬的旗帜。近年来，我们的新闻媒体，一直在寻找美丽的劳动者。"最美教师""最美交警""最美警察""最美邮递员"等，劳动美丽本身就富有生命力。即便是辛苦、曲折、危险的劳动，也有美丽的一面，也有令人骄傲的一面。相反，"笑贫不笑娼"是一种鄙视劳动者的体现，对喜好不劳而获的人是一种讽刺。弘扬劳动精神就要在全社会形成劳动美丽的基本共识，并体现在具体的工作岗位中。

（二）辛勤劳动

《左传》中讲"民生在勤，勤则不匮"。劳动者要辛勤劳动，这是自古以来中华民族的优秀传统文化。在浩如烟海的中华典籍之中，赞美劳动和鼓励劳动的数不胜数，古语曾有云："劳则善心生"。可以说，中华民族传承千百年，和中华民族勤于劳作有很大关系。习近平总书记多次强调，要"辛勤劳动""一勤天下无难事"，辛勤劳动成为社会主义建设的一大途径，辛勤劳动是我国独特的劳动本色，也是需要大力弘扬的劳动精神。当然，在社会实践过程中，也有部分劳动者期望不劳而获、抱有一夜暴富等不切实际的想法，这些都是对劳动精神的践踏。我们弘扬劳动精神，就是对辛勤劳动的认同，对辛勤劳动进行践行；反对腐朽懒惰、反对怨天尤人、反对腐败敷衍。这里需要说明的是，我们崇尚的辛勤劳动是基于科学理念下的劳动，不是蛮干、盲干。

（三）诚信劳动

诚信劳动是劳动者在劳动过程中积累的社会美德风尚。在人民劳动过程中，出现了如同保定"油条哥"这样，值得夸赞的诚信劳动者。之所以需要弘扬诚信劳动的精神，是因为这关乎劳动的生命线和秉持的底线。无论付出多少辛劳，如果不是诚信劳动，这种行为就会给社会带来巨大的伤害，甚至使劳动者走向犯罪的边缘。"毒馒头""地沟油"事件的出现，就是不讲诚信的案例。不讲诚信的劳动与我国的文化价值观念和法律要求完全是背道而驰，玷污我国劳动品格。在具体岗位上，偷工减料、以次充好等行为也是不诚信的行为，要通过健全考核奖励制度，健全社会征信体系，对不诚信的行为保持高压的态度。

（四）创造性劳动

创造性劳动是劳动的一种升华。在劳动者素质中，最宝贵的就是创造性劳动，这是体现劳动者价值的关键所在，也是中国劳动者优于其他劳动者的制胜法宝。这需要劳动者有坚定的批判意识和创新思维，反对小富即安、安于现状、不学习的心理状态，根据世界银行和国家统计局的数据，在过去的20年间，我国的劳动生产率与国际上的一些国家相比，仍存在一些差距。[1]我们应正视这一问题，并在此基础上，着力鼓励创新、鼓励创造性劳动，提高劳动生产率。对原有的经验进行总结，对原有技术进行升级，勇于在困境中突破，特别是在当下产业升级的背景下，弘扬劳动精神尤为重要。对于国家发展而言，如果每个劳动者能前进一小步，国家就能前进一大步。

人物故事

保定油条哥：坚决不用复炸油

"油条哥"原名刘洪安，从河北省保定市财贸学校毕业后选择卖早餐。

起初，为了节约成本，他也会把食用油放置到第二天继续使用，后来在新闻中了解到，食用油反复加温会产生大量对人体有害的物质。于是在2012年初，他便使用一级大豆油炸油条。而且坚持每天一换，从此开始卖"良心油条"。

他先是在自家招牌上写上"安全用油，杜绝复炸"的标语，同时他还在店铺特别注明了鉴别复炸油的方法。另外，他还在油锅边上准备了一把"验油勺"，供顾客随时检验。

刘洪安说，自己每天大约需要准备10公斤食用油，大概每晚会倒掉四五斤油。虽然成本上涨，油条每斤价格也上涨了1元，但是店铺收入不减反增。2012年年中，"油条哥"的店铺进一步扩张。2012年6月，食品从业者代表刘洪安参加全国食品安全宣传周启动仪式，并代表食品从业者发言。

---

[1] 王宏广，由雷，尹志欣，等.40个指标全面透析中美差距 [J].科技中国，2018（9）：5—9.

第二节   劳动精神对大学生成才的重要意义

一、弘扬劳动精神的重要意义

劳动是成功的必由之路，是创造价值的源泉。劳动教育是中国教育体系中的重要部分，能直接决定社会主义接班人的精神面貌，对我国学生的成长具有重要意义。

2020年，中共中央、国务院印发《关于全面加强新时代大中小学劳动教育的意见》（以下简称《意见》），强调劳动是我国教育的重要内容，是不可被忽视的重要组成部分，就全面加强大、中、小学劳动教育进行系统的设计和全面的战略部署。《意见》重新强调劳动对于学生成长的重要意义，让社会进一步认识到劳动教育的重要性，更好发挥劳动的育人功能，促进学生的全面发展和价值观确立。

劳动教育具有树德、立人、健体、增智、育美等综合价值。通过劳动教育，学生可以正确理解马克思主义的深刻内涵，牢固树立劳动光荣的信念，尊重身边的劳动者，尊重自己和他人的劳动成果；体会劳动的乐趣，培养勤俭、奋斗的精神；具备生存的基本劳动能力，具备发展的劳动素质，形成良好的劳动习惯并影响其他人。实践证明，爱劳动、会劳动、勤于劳动不仅不会耽误学习，反而能促进学生的进步和发展，有助于人的全面发展。

面向未来，应该更加注重人的培养过程，将劳动纳入人才培养的全过程，贯串大学的各个教育要素之中。需要特别注意的是，劳动教育和智力教育是统一的，也是有区分的。其中，区分是重要的。一定要防止只通过文化课程，不通过实践来进行劳动教育的学习。大学完全可以开展职业体验、职业教育相关课程，进一步理解劳动、创造、发展之间的关系。在个人成长的路上，劳动教育不仅能促进学生就业或创业，还能帮助学生建立正确的职业观，培养其甘于奉献、不畏艰辛的精神。

大学应该创造条件，实现劳动教育的多样化。大学生也应该积极参与各种劳动活动，实现劳动教育途径多样化。贯串学校、家庭、社会全方面。对家长来说，应该鼓励孩子积极参加劳动。当下不少大学生存在缺乏基本的卫生、维修、烹饪等劳动能力，这和从小的家庭教育不无关系。有关大学劳动教育，应充分利用大学自身的社会资源优势，开展和职业相关的课程教育，帮助学生了解工作岗位详情，为学生的职业化道路做好铺垫。全社会都应该发挥协同作用，开放实践场所，为学生提供活跃的平台。

二、大学生劳动教育的价值意蕴

《意见》指出，"劳动教育是中国特色社会主义教育制度的重要内容，直接决定社会主义建设者和接班人的劳动精神面貌、劳动价值取向和劳动技能水平"，要"把劳动教育纳入人才培养全过程""促进学生形成正确的世界观、人生观、价值观"。"青年兴则国家兴，青年强则国家强"。大学时代是学生三观确立的关键时期，劳动可以让大学生用实践的手段去认识世界，这能帮助大学生走出"大学是个象牙塔"的困境。马克思认为，历史承认的伟人，都在为共同目标而努力，历史赞美那些为大多数人带来幸福的人。当代大学生应该不畏艰难，为美好未来做好信念和能力上的准备。因此，大学生劳动教育应该以习近平同志新时代中国特色社会主义为指导，落实党的根本任务，为国家培养合格的青年。

（一）新时代劳动教育肩负着大学生世界观的培育功能

"全部的社会生活在本质上是实践的。"物质生产是人类最基本的实践活动，其中劳动实践是我们生产和发展的重要形式之一。恩格斯指出，劳动是人类生活的基本条件，而且达到了十分发达的程度，以至于不得不说，劳动创造了人本身。正确理解"劳动创造了人"这一哲学命题，能帮助大学生更加清醒地认识世界和了解世界，树立中国特色社会主义劳动观。通过劳动教育的实践引领，大学生可更加深刻地理解劳动的本质和价值构成，认清劳动和个人发展、社会发展之间的关系，以科学和理性的态度对待劳动和劳动者。劳动教育可以让青年在实践中认识自然、了解世界的同时，也能认识到广大劳动群众在社会历史中的作用，使其加深对社会历史发展的理解，最终形成正确的劳动观。劳动观可以决定劳动的态度，影响劳动者的精神面貌。劳动教育有助于大学生养成朴实、勤奋的劳动品质，使学生在劳动中成长、成才，大学生的劳动教育可帮助学生实现正本清源的目的，真正成为合格的社会主义接班人。

（二）新时代劳动教育肩负着大学生的人生观造就功能

劳动光荣且伟大。新时代大学生应该树立以劳动为基础，知行合一为取向的人生观。当代大学生知识储备更加丰富、视野更加开阔、生活条件更加优越，但是存在缺少劳动的问题。当代大学生的知识储备是足够的，但是实践能力不一定能满足生活的需要，加强大学劳动教育成为社会共识。新时代，对大学生进行劳动教育，一方面让大学生通过劳动学习进行更加有意义的学习，坚定其劳动信念，掌握必要的劳动技能和拥有使用多种劳动工具的能力；另一方面，鼓励大学生走向田地、社区、工厂，以人民群众为师，服务人民，知行合一。

新时代大学生的劳动教育，要着眼于时代发展的特点，结合大学生受教育的实际情况，依托大学内的资源，不脱离社会，引领大学生努力劳动和艰苦奋斗。"空谈误国，实干兴邦"，树立"知行合一"的劳动观，对大学生的实践和动手能力有极高的意义。大学生对幸福的理解程度，影响其以后的人生方向，决定了大学生奉献自我的程度。只有通过劳动实践，培养正确的劳动观念和职业观念，才能让大学生形成优秀的品格和人格。

（三）新时代劳动教育承载着大学生价值观的教化功能

人民群众创造历史，劳动开创未来。劳动可以更加坚定学生的社会主义信念，是中华民族熠熠生辉的底色。在中国特色社会主义的制度下，劳动者主体通过劳动实现物质文明和精神文明的共同进步，获得自由和发展的时间，中华民族的伟大复兴也必通过劳动实现。新时代，很多优良的传统不可抛弃，社会主义的内核不能丢，社会主义精神动力不能缺。劳动教育可以促进学生以更加饱满的精神，去迎接新时代的困难。培养学生身体力行、踏实奋进的劳动品质。用崭新的面貌，向新时代献礼。毛泽东指出，英雄和模范起了带头作用、骨干作用和桥梁作用。新时代，大学生劳动教育有助于培养大学生勤俭、奋斗的劳动意识，培养大学生服务社会的责任意识，培养大学生磨炼自身、砥砺前行的追求意识。最终通过劳动，让大学生成为骨干。

第三节 新时代劳动精神的基本要求

新时代劳动精神是继承马克思主义的经典劳动学说，它根植于中华文化的沃土之中，是有着丰富的内涵和时代属性的思想精神，是中国特色社会主义劳动精神。其中"特色"具备一定的比较衡量意义，既有和其他学说的比较，呈现一种"人无我有，人有我优"的状态；也有较之以往的比较，呈现出一种"从无到有，精益求精"的状态。新时代劳动精神所彰显的鲜明特质并不是凭空架构的主观臆断行为，而是基于特殊的时代背景、基于当下的实践经验总结，其秉承实际价值导向、蕴含的匡谬正俗的力量。新时代劳动精神的基本要求为：坚持时代性和人民性的统一、坚持科学性和革命性的统一、坚持传承性和超越性的统一、坚持系统性和针对性的统一。

一、坚持时代性和人民性的统一

新时代劳动精神虽然蕴含了领导人尤其是习近平同志个人成长经历的劳动烙印，但主要是新时代中国特色社会主义，以习近平同志为领导核心的共产党人关于劳动精神的集体智慧结晶。因此，新时代劳动精神具有浓厚的时代性。

（一）新时代劳动精神的时代性

时代，是指历史进程中以经济、政治、文化等状况为依据而划分的某个时期。时代是孕育思想的摇篮，一定的思想均有一定的时代背景。中国特色社会主义进入新时代，是人类历史发展的逻辑、科学社会主义、中国特色社会主义实践的有机统一，是理论和实践结合的成果。中国特色社会主义进入新时代，不仅是依据我国发展的经济模式和客观形势发生了巨大变化，更是因为我国的发展理念和指导思想发生了巨大变化。当代中国特色社会主义俨然已进入改革的深水区，面临着巨大的社会变革，也正在进行着人类史上最宏大壮观的理论创新和实践突破。

随着我国现代化事业的发展，如何在这样一个承前启后、继往开来的时代背景下，继续奔走在正确的道路上，是当下值得思考的问题。而新时代劳动观正是在当下背景下，致力于实现中国梦的伟大目标，确保民族复兴、国家富强、人民幸福而不断发展和完善的。为了实现中华民族伟大复兴这近代以来的梦想，国家提倡"劳动托起中国梦"，提倡"撸起袖子加油干"，凝结了史上最先进、最强大的劳动力量。人世间最美好的梦想、发展中的各种难题、生命里的一切辉煌，只有通过劳动才能实现，让劳动成为最崇高、最伟大、最美丽的时代标志。不难理解，一代人有一代人的观念，一代的观念都有一定时代背景的映射。

（二）新时代劳动精神的人民性

习近平强调："人民就是江山，江山就是人民"，尊重人民是新时期中国共产党人治国理政最鲜明的色调。新时代劳动精神就其本质而言，可以体现为"党的人民性"和"人民主体"两个方面。一方面，新时代劳动精神着重体现的是党对广大劳动群众的领导和捍卫。从宏观角度看，这是马克思主义政党的基本要求，是中国共产党与生俱来的品质，是中国共产党永葆青春活力的方式途径。人民群众对美好生活的向往，就是党的奋斗目标。习近平强调，要把广大劳动者权益放在首位，注重对劳动者的关心和爱护，构建和谐稳定的劳动关系。另一方面，"人民主体"体现的是人民群众作为劳动的主体以及国家主人翁的地位。"人民群众是历史的创造者，是决定党和国家前途命运的根本力量。"❶广大劳动者无疑是我国发展力量的根基，新时代劳动精神能号召全体劳动者勠力同心，激发劳动热情和创新精神，提升幸福感，全心全意投身社会主义现代化建设中去。

---

❶ 习近平.决胜全面建成小康社会 夺取新时代中国特色社会主义伟大胜利 [R].北京：人民出版社，2017.

二、坚持科学性和革命性的统一

任何理念的延伸发展都离不开科学的体系构建和革命的先驱性质。只有足够科学，才能被广泛推广和获取认可；只有独具革命性质，才能保持活力，源远流长，引领时代发展。新时代劳动精神是共产党人在深刻实践的基础上的经验性总结，根植于中华沃土，符合中国国情，具有完备的思想体系，是具备科学性的思想精神。同时，新时代劳动精神是批判性质的，有力驳斥了错误的劳动观，赢得人民的认可，是革命性质的精神引领。

（一）新时代劳动精神的科学性

科学性是新时代劳动精神被人民群众认可的前提，理论的科学指导科学的实践。首先，新时代劳动精神秉承马克思主义世界观和方法论，吸收了百家劳动学说的精华部分。同时，新时代劳动精神继承发扬了以往领导人的劳动理念，并将优秀传统文化融汇其中，使得新时代劳动观视野开阔、新时代劳动精神底蕴深厚。新时代劳动精神始终坚持劳动者的核心地位，坚持人民立场，这为指引实践奠定了基础。最后，新时代劳动精神始终坚持实事求是，这为其科学性提供了保障；坚持与时俱进，这为其先进性和革命性提供了保障。新时代劳动精神是依据我国社会矛盾的变化，顺应时代的发展条件，致力于满足人民需求而不断发展的，具有理论结合实际的实践性。

（二）新时代劳动精神的革命性

革命性就要求要直面社会问题，勇于自我批判和理论创新。新时代劳动精神具有一定的批判精神，这种批判不是全盘否定，是符合马克思主义思想的扬弃，用唯物主义的观点观察劳动。这要求在对劳动精神的研究和学习中，反对把客观世界和人对世界的认知绝对化，这会导致思想的绝对化。习近平指出："勇于自我革命，是我们党最鲜明的品格。"正是本着这种革命和自我革命的精神，劳动精神才能结合时代特色，演化出新时代劳动精神。正是本着这种自我批判的精神，向错误的劳动精神发起挑战，广大劳动群众才能树立正确的劳动价值观。

提升劳动者地位，认可劳动贡献以针对鄙视劳动和劳动者的社会风气。不论是什么类型的劳动，都值得被尊重和鼓励。回望改革开放以来的成果，国家事业发生深刻变革、取得了系列历史成就和党的坚强领导与社会风气的匡正、提升劳动者建设积极性密切相关。

三、坚持传承性和超越性的统一

一种理论的深入发展，不外乎继承和超越。所谓继承，需要从以往的思想中汲取力量，获取足够支撑自身发展的营养，能对传统内容进行扬弃，取其精华、去其糟粕；超越是具备破浪前行的能力水平，不应只是安逸地吸取前人成果，止步于观望和敬仰，而是能与时代结合，致力于解决当下的问题和满足当下需求。新时代劳动精神是习近平同志领导的共产党人坚持在传承发展，在发展中超越的特性。

（一）新时代劳动精神的传承性

新时代劳动精神并非无根之木，而是深扎于劳动人民的实践之中、孕育在马克思及其他经典作家的劳动学说的摇篮之中、躬耕于中华优秀传统文化的沃土之上，实现了自我充实、自我丰盈。我国自古便有"民惟邦本，本固邦宁""功崇惟志、业广惟勤""百尺竿头、更进一步"等经典语录和圣贤名言。给新时代劳动精神提供了厚实的文化土壤。在马克思主义的劳动学说中，发掘了众多与"劳动"相关的经典论述，吸纳了马克思关于劳动、生产、商品的结论和规律，沿用了恩格斯"劳动创造了人本身"的论断，践行着列宁"普遍吸收所有劳动者来管理国家"的思想，重视劳动人才培育、重视共同富裕。最重要的一点是实现了马克思主义的中国化，将毛泽东思想、邓小平理论、"三个代表"重要思想、科学发展观等思想融汇其中，对其进行传承和发展，对新时代劳动观的衍生起了重大作用。

（二）新时代劳动精神的超越性

无法与时俱进的精神理念无法实现自身的价值跳跃，只有传承而没有发展的理念必定会埋葬于历史长河之中，因此必须在传承基础上推陈出新。新时代劳动观立足时代背景，面对新挑战提出新论断；面对新形势下劳动人民新的需求，总结出了新定义。当下我国已经消灭绝对贫困，劳动精神呈现出新颖性和超越性。在劳动价值论述上，我国提出许多新颖的表述，诸如"劳动托起中国梦""劳动是一切成功的必经之路"等，使得劳动精神紧跟时代步伐，且更加通俗易懂。在劳动精神论述上，习近平总书记首次提出了劳动精神，赋予劳动精神"干劲、闯劲、钻劲"的新定义，并且系统阐释了新时代劳动群众应有的目标、态度、方法，而且还多次强调了工匠精神。这些论述均具备一定的开创性，彰显了新时代劳动精神的历史超越性。

四、坚持系统性与针对性的统一

新时代劳动精神包含辩证唯物主义的世界观和方法论，以维护最广大人民的根本利益为目标，坚持与时俱进。同时，结合中国特色社会主义历史背景，以及现阶段主要矛盾，提出更切合实际、多元、有效的劳动论，使得新时代劳动精神呈现出系统性和针对性的特点。

新时代劳动精神是多元主义精神理念，其不仅蕴含劳动精神的内容，还包括劳动价值、劳动主体、劳动关系等相关内容。不仅如此，劳动精神、劳动价值、劳动主体、劳动关系这四方面自成逻辑，回答了不同的时代问题。劳动精神论回答了"何以劳动"的问题、劳动价值论回答了"何为劳动"的问题、劳动主体论回答了"何人劳动"的问题、劳动关系论回答了"何从劳动"的问题。

新时代劳动精神囊括了新时代劳动者所应具备的精神面貌、劳动态度等要义。劳动者应该保持对劳动的美好理想，让劳动成为生活的应然需求，而不仅是一种谋生的手段。既要与时俱进地掌握先进的劳动技法，运用自身所学结合个人实际科学劳动，也要合理表达自身所需，主动创造良好劳动环境与劳动形象，实现体面劳动。在劳动过程中发现和收获快乐，实现幸福劳动。广大劳动者在劳动态度上，应保持对劳动的绝对认可，既要基于劳动的特殊地位和重要贡献以保持对劳动的尊重，也要认识到劳动分工无贵贱但是劳动价值有大小之分。此外，在具体的劳动实践中，应坚持采用科学的方法，合理分配劳动时间，做到辛勤劳动，继承传统相结合，杜绝形成拈轻怕重、好逸恶劳的劳动理念；秉持诚实劳动，秉承实事求是的劳动理念，杜绝因盲目逐利而掺杂使假、偷工减料的行为；做到创造性劳动，不断推陈出新，杜绝故步自封的思想。只有弘扬这样的劳动精神，全社会才能形成健康的劳动风尚。

劳动价值论阐述理论回答"何为劳动"。五千年来，立足于中华大地上的千万劳动者，以辛勤劳动推动着中华文明向前推进。在漫长的社会形态更替中，劳动精神也在不断演化，并逐步适应同期的时代需要。与此同时，随着工业革命的完成，大机器生产时代到来，社会分工越来越精细化发展，社会总财富持续积累，同岗位的劳动收入逐步提升，人民群众对劳动理念的认知也在发生深刻变革。目前，社会上仍有"鄙夷劳动，妄图不劳而获"的现象，但是大部分人已明白劳动的意义，并投身于劳动大军之中。针对小部分人的问题，国家高瞻远瞩，已经多次从战略意义上强调和宣扬劳动的重要性，明确弘扬劳动精神和奋斗精神，鲜明提出"人世间的一切幸福都需要靠辛勤的劳动来创造"等论断。基于以上客观事实，新时代劳动精神从两方面回答了广大劳动者为何要在物质文明极其丰富的时代，依旧需要辛勤劳动的原因。一方面，从历史长河中看，劳动是中华民族生生不息的根本动力。劳动本身肩负着神圣使命。另一方面，新时代劳动思想从人民群众的迫切需求中找到了问题的答疑口，将个人价值与国家梦想联合起来，劳动者饱含对未来的憧憬，认识到劳动是美好生活的必经之路，是自我发展的内在需要，劳动本身就是一种价值。

劳动主体论回答"何人劳动"。"何人劳动"看似是简单的问题，然而只有密切联系实际，结合当下时代背景，才能深刻理解这一问题的现实性和复杂性。2002年，中国劳动力人口占总人口比重首次下降。从2011年开始，中国劳动人口开始出现净减少，并且逐年减少。值得一提的是，此时中国的经济增长速度十分领先，经济领域创造的"世界奇迹"与"人口红利"密不可分。劳动力减少有诸多原因，这使得"何人劳动、谁来劳动"已经成为备受关注的问题。新时代劳动精神立足时代新形势，就"何人劳动"进行了回答。

劳动关系论回答"何从劳动"的问题。这涵盖了劳动者之间，以及劳动者与劳动环境、劳动工具、劳动目标等元素之间的相互关系和互动。这一观念使人们认识到，虽然每个劳动者都是在个体层面上行动，但他们的行为是在一种广泛的社会、经济和文化环境中发生的，这些环境会影响劳动者的行为，从而形成独特的劳动关系。

劳动关系是一个复杂的网络，其中包括多种利益关系和社会关系。劳动者应当理解自身在这个网络中的地位，以及他们的行为如何影响其他人和整个网络。这种理解能够帮助劳动者更好地利用资源，改进工作方法，促进自我发展，提高工作效率。

新时代的劳动关系不仅涉及生产和劳动过程，更关乎人与人之间的相互尊重和理解、劳动者的权利和义务，以及对劳动价值的认同和尊重。它强调劳动者应该积极参与，全心全意地投入劳动中，享受劳动带来的成就感和满足感，同时要注重保护自己的权益，在一个公平、公正、公开的劳动环境中实现个人价值。

第四节　新时代劳动精神的具体体现

党和国家出台各种教育政策，就是为了鼓励各类学校加强劳动教育建设，促进学生全面发展，为学生参加劳动提供实践场所，敦促学生形成良好的学习习惯和劳动习惯。劳动精神的践行应该通过以下方式来实现。

一、从小事做起

不积跬步，无以至千里；不积小流，无以成江海。践行劳动精神应该从小事做起。对于已经进入社会岗位的职场工作者来说，劳动精神的践行体现在事无巨细的日常工作中。这些日常工作都是一种"小事"，但因为积累，慢慢地就做成了"大事"。在平凡的岗位上不一定非要做出不平凡的成绩，只要坚持做好每件平凡的小事，慢慢地自然就会成为这个领域的工匠和模范。天下大事必作于细，凡事都需要从小事做起，从一件件琐碎的事做起，一屋不扫何以扫天下，不管劳动还是生活，都是从小事做起。一个人只有认真对待每件小事，才能做好大事。

伴随着经济社会的发展，人们掌握的知识技能越来越多，各种技能似乎和"特定的时间"成为了一一对应的关系。我们所学习到的知识和技能，似乎是为了有朝一日能"派上大用场"，以至于很多小事件被忽略，最终导致小事不愿做，大事做不了的结局。以至于牢骚抱怨，虚度光阴。

从小事做起，就要从细微处入手，将小事做到位，才能及时完成任务。一件小事看着不起眼，实际上将很多事情串联起来，就会变成一个大事件。如果忽视小事，很多大事就完不成。正所谓："千里之堤，溃于蚁穴"。

马克思主义认为，联系具有客观性和普遍性。做好小事是尊重客观、尊重规律的表现。那些我们认为无关紧要的小事，往往如同机器上不可缺少的零件，任何一个零件的损毁，都会使机器运行隐藏巨大的危机。如果忽略，则有可能最终酿成大祸。在劳动过程中，我们应该从小事做起，出色完成劳动任务。

二、心中有梦想

劳动精神的践行需要每个人心中有梦想。人只要心中有梦想，就永远有动力、有激情；只要心中有梦想，总会绽放光芒；只要有奋斗的远大目标，就会有使不完的力气，就会有更多的创新思维。所以，心中的梦将赋予每个人无穷的动力。生命是一张弓，弓弦是每个人的梦。因为梦想，我们才有奋斗的目标，并将这些目标凝结成希望的种子，在汗水的浇灌下，让它发芽并开花。一个没有梦想的人，必定是没有方向的人，就没有归属感。

在浩瀚的人生长河中，我们每个人都如同一只漂泊的船舶，梦想就像那个古老的司南，指引着我们前进的方向。让我们每时每刻都去扬帆，如果我们丢掉了心中的梦想，就好比无垠大海中漂泊的零星一点。时光匆匆，到达生命的尽头时，一个没有梦想的人会悲哀地发现，自己一生就像一场没有目的的旅行，永远也无法到达理想的彼岸。

美国前总统威尔逊说过，我们因为梦想而伟大。习近平总书记强调，我们要实现我们的中国梦。广大青年既是追梦者，也是圆梦者。追梦需要激情和理想，圆梦需要青春和奋斗。

三、业勤于思考

每个劳动者不仅要去做，去做小事，还要会想，想和做是一起进行的。凡事需要多思考，勤于思考，在劳动实践中产生创新的思考，充分挖掘劳动者的智慧。劳动之所以能创造一切，关键在于不断创新，创新意识、独立思考是创新的前提。

一个人要想获得成果，必须勤于思考。每个劳动者在劳动过程中，都不应该主动放弃自己做过的或者正在进行的事务。思考的过程也是反思的过程，这也需要向他人及时请教问题。真正的劳动者不仅要会思考，还要在实践中思考，在实践中反思，进而创造出一个又一个的奇迹。思考中的思维交错，能编织出巨大网络。

在实践过程中，仅依赖一腔热血是不能完成任务的。思考先行，往往能使实践走向更加正确的方向。但是，思考需要适度，想得太多，顾虑也就可能会多，这会导致在实践过程中畏首畏尾，犹豫不前，耽误最佳的时机。关于思考的度的问题，其实没有标准的答案。这需要劳动者在多次具体的实践中摸索规律，探究自己的学习方法和思考方法。诺贝尔奖获得者、英国物理学家约瑟夫·汤姆森和欧内斯特·卢瑟福先后培养出了17位诺贝尔奖获得者。他们每个人都清楚，是思考改变了他们的人生。人只有发挥出大脑的巨大潜能，让大脑在不断思考中越变越敏锐，才能在劳动实践中走得更远。

四、真热爱劳动

劳动精神的践行最终要体现在对劳动的热爱上。反言之，劳动者只有发自内心地热爱劳动，才会自觉践行劳动精神和传播劳动精神。学校进行劳动教育的目的就是让学生养成热爱劳动的习惯和价值取向。热爱劳动不仅是一种生活态度，更是一种优秀品质。劳动是我们实现人生梦想的途径。只有真正热爱劳动的人，才会取得劳动的成就。实际上，学校通过劳动教育培养学生热爱劳动的习惯，就是为了将来学生走向社会的时候，由热爱劳动转变为热爱工作、热爱事业、热爱国家等，从而在为企业、社会、国家做出贡献的同时，展现自己的人生价值。每一位劳动者只有从事劳动并找到属于自己的工作，并热爱它，才能更好地展现自己的能力与才华，在劳动实践中收获快乐，并在某一个劳动领域实现自身的价值，取得出色的成就，不愧对大学所接受的教育。

每个劳动者在劳动中都可能会受到挫折，甚至产生各种不良的情绪。但是，劳动者只要真心热爱劳动，就会发现这些挫折只是踏上成功的阶梯。相对于从劳动中获得的人生价值，劳动者在劳动中得到的报酬就会显得无足轻重。如果没有了劳动，我们就失去了通往理想的道路，人生价值也就很难实现。其实，劳动并不仅仅是为了物质回报，我们可以从劳动中认识朋友、认识社会、认识自己。任何一个成功的人在取得成功之后，都不会轻易放弃劳动，即使他们退休了，也会参加一些小型的劳动。因为在他们的眼里，劳动已不再是单纯的劳动，而是与生命融为一体了。他们的劳动成就，远不及他们对于劳动的热爱。衡量劳动者的成就，不是看他有多少财富，而是看他所创造的劳动价值。劳动是我们实现人生价值的通道和平台。我们每个人都应该真正地热爱劳动，在劳动实践中找到自身的价值、让自己的才华得以施展，为社会作出自己的贡献。

实际上，劳动者只有辛勤地劳动，才能证明自己的价值，劳动本身也成为人们实现人生目标的重要方式。热爱劳动，也是热爱生命，这是人类伟大的情操之一。任何人都必须通过劳动来生存，劳动是每个人的责任和义务。但是，如果我们仅把劳动当作一种谋生的手段，就很难去重视它、热爱它。而当我们把劳动视为增长自身阅历的途径时，就不会再轻视它。人的生命价值在于他的劳动贡献，从本质上来说，劳动是人的一种需要，能体现人自身的价值，使人得到快乐。

延伸阅读

寓言故事——"千里之堤，溃于蚁穴"

古时候，黄河水患无穷，人们为了治河抗灾，想在黄河边修建起坚实稳固的长堤。有一天，一位老农发现了堤坝上爬了许多蚂蚁，他心想，这么多蚂蚁，必定会有大量的蚁穴，这会影响堤坝的坚固。他便回家告诉村子里的人。

在回家路上碰到了他的儿子，老农便把蚂蚁的事情告诉了他儿子，结果他儿子不以为然，认为坚固的堤坝怎么会被几只弱小的蚂蚁侵蚀。于是便拉着老农回家了。

当晚，下起了暴雨，黄河水位猛涨，水从蚁穴里喷涌而出，冲毁了堤坝和村庄。

这个故事告诉我们，小事做不到位，必然会有大的灾祸。防患于未然，谨小慎微，万事从小事做起，就不会因小失大。

思考题

1. 习近平总书记强调："空谈误国，实干兴邦。"实现中国梦，创造全体人民更加美好的生活，任重而道远，需要我们每一个人持续付出辛勤劳动和艰苦努力。

（1）"空谈误国，实干兴邦"，这启示我们要想实现中国梦，需要发扬什么样的劳动精神？

（2）作为大学生，在今后的学习、生活中应该如何落实这种劳动精神？

2. 结合实际，谈谈你准备如何践行劳动精神。

第六章 弘扬新时代工匠精神，
  争做新时代大国工匠

导语：

当下中国的国情发生了深刻的变化，中国正在进行各行业的产业升级，中国不仅要在小商品出口上占据优势，更要在中国品牌、中国品质上做出口碑。特别是随着"中国制造2025"国家战略的试行，中国需要更多的工匠，去实现我们的民族梦想。

教学目标：

认知	情感态度	运用
理解工匠精神的具体内涵	培养学生崇尚劳动的意识，在劳动中精耕细作，精益求精，不断突破自身的能力上限，甚至是行业上限，争当新时代合格劳动者	让学生在学习、工作和生活中，有意识地培养工匠精神、践行工匠精神

第一节　新时代工匠精神的内涵

"工匠"的基本内涵在本书前文已作出解释说明（见本书第三章）。新时代，工匠精神又被赋予新的时代内涵。

传承和发展工匠精神是当下的应有之义。千百年来，中华文明的源远流长离不开一代又一代人的接力传承；中华文明的灿烂离不开一代又一代人对其的丰富和发展。从古代的四大发明到今天的大国工业，无不体现着中国人对匠心的追求。

中华人民共和国成立后，我国进入社会主义探索时期，一种新型社会形态下的工匠精神开始形成。中华人民共和国成立后，工人阶级地位显著提升，我国工匠的社会地位发生显著变化。在社会主义改造的背景影响下，传统手工业向现代工业方向演化。这一时期的工匠精神，不仅继承了传统工匠精神的核心，而且融入了更多的时代背景和现代思维，包括爱国敬业、服务人民、无产阶级革命等奋进精神，形成了自立自强、发奋向上、实业报国等担当精神；形成了互帮互助、社会团结的协作精神；形成了精益求精、突破自我的进取精神；形成了刻苦钻研、不怕牺牲的奉献精神；形成了创新革新、推陈出新的创新精神。❶在新时代工匠精神的带领下，数以万亿的工农联盟、知识分子，怀揣着对家国的感情，以极大的热情打破了西方的多重封锁，制造出"两弹一星"、人造地球卫星等大国重器，撑起了我国的民族脊梁，为中华崛起复兴奠定了国防基础。

改革开放以来，中国的工业化开始进入高速发展阶段。大批工人在各自领域攻坚克难，用实际行动创造出"中国奇迹"。无论是载人航天，还是高铁、船舶等项目设计，中国人总能通过不懈努力，走向世界领先水平。"墨子号"量子卫星射向深空、"蛟龙号"载人潜水器深潜大海、"港珠澳"大桥横跨两岸，这些都是融合了中国匠心的"中国制造"。一言蔽之，改革开放40年来，"工匠精神"推动了我国经济建设的迅速发展。

新时代背景下，我国的产业结构面临着重大的升级，创新驱动发展的理念深入人心。我国正在由"中国制造"向"中国智造"转变，由"制造大国"向"制造强国"转变。新时代的任务使命赋予"工匠精神"新的内涵，主要包括"爱国敬业、专注坚持"的职业精神；"追求卓越、精益求精"的品质精神；"突破自我、精进不休"的创新精神；"协同有序、精诚团结"的合作精神，兼具历史性和时代性。

第一，"爱国敬业、专注坚持"是从情感方面对工匠精神进行阐释。爱国情怀是每个中华儿女的共同追求，是民族精神的凝结，是社会主义核心价值观的提炼，也是时代工匠精神的核心品质。无论是铸就"大国重器"的工程师，还是普通岗位上的劳动者，都有一份赤诚之心，并将这份赤诚带到了敬业乐业上。专注坚持强调的是对职业的专心，持之以恒，是工匠的基本素养。古人云："艺痴者技必良"，讲的就是这个道理。

第二，"追求卓越、精益求精"是从细节方面对工匠精神进行阐释。"良工不示人以朴"，工匠精神的基本内涵和特征就是精益求精。大国工匠高凤林，被誉为"焊接火箭心脏"的人，三十年如一日，攻克上百项火箭焊接的难关。"蛟龙号"载人潜水器，全身由十几万个零部件组成，面临最大的问题就是气密性的问题。钳工顾秋亮，凭借精湛的手艺破解气密性难题，技术误差控制在"两丝"级别（1丝为0.01毫米，如同发丝的十分之一）。可见，一个人能否成为"国宝大师"，和其对极致的追求有关。事实上，匠人追求的工匠精神，其内在原动力也是对自身技艺的执着。

第三，"突破自我、精进不休"是从创新层面对工匠精神进行阐释。传统社会，工匠多是以民间小作坊的形式呈现，其技艺大多来源于父子传承和师徒传承。这种传承制度有着"秘而不宣"的世俗约定，缺乏开拓精神。甚至存在"传男不传女"的封建主义思想。这一点上，新时代的"工匠精神"与传统精神是截然相反的。当今时代，单纯的

❶ 陈金彪.社会主义革命和建设时期工匠精神的形成[J].中共杭州市委党校学报，2020（3）：83—89.

产品制造已经不能满足社会需要和行业发展，"智慧制造"成为国与国之间竞争的筹码。美国学者亚力克·福奇在其所著《工匠精神》一书中指出："工匠的本质就在于他们认为通过在已有事物上创造一些新的东西可以让事情变得更好。"❶创新已经成为世界公认的工匠精神的灵魂，是工匠必备的职业素养，守旧自闭已经不适应今天的形势发展。

第四，"协同有序、精诚团结"是从工序层面对工匠精神进行阐释。新时代，手工工艺正在被数字工艺所取代，工匠的生产方式已经被纳入数字产业链的一环，取而代之的是现代企业管理下的产业链条和附加产能，生产过程高度智能化和程序化。小到扫把、文具，大到芯片、武器，全链条的工业智能正在进入各行各业。面对复杂的流程，没有工序和合作是无法实现的，这就需要工匠审时度势，不要站在时代的对立面，不要为了个人利益破坏整个产业链条。协同有序不仅是现代工匠精神的体现，更为工匠精神的存在和发展提供了广阔前景。

总之，工匠精神是当下人才发展的精神追求。精工匠心才能做大国工匠。这也是消费者的期待，是工匠精神的现实写照。在新时代的背景下，传统工匠精神得到了发展。它不再是大师和能工巧匠的殊荣，而成为一种朴素的民众素质，在每个岗位上，兢兢业业、认真负责都是具有匠心的表现。

第二节　新时代提倡工匠精神的时代意义

新时代，工匠精神之所以能引起社会的强烈反响，主要是它体现了时代的需要，可以说是把握了国家的痛点，这是当下中国急需的资源。《中国制造2025》明确提出面向未来的发展规划和行动纲领，文件要求中国实现中国制造向中国创造方向改变，完成中国制造由大变强的任务。在此背景下，制造业进行系统的产业升级，不仅是技术的升级，也是人员的升级。弘扬工匠精神，对推动我国战略转型和品牌升级有着巨大的帮助。中国制造业已经在国际上赢得一片口碑，但是仍然面临创新不足的问题，弘扬工匠精神，铸造民族品牌，对提升劳动者技能素养有着重要的价值和意义。

一、弘扬工匠精神有助于提升我国的自主创新能力

制造业的兴衰直接关系到国民生活，制造业也是兴国之器。在国家发展的过程中，制造业有着举足轻重的地位。《中国制造2025》明确指出，没有强大的制造业，就没有国家和民族的强盛。

---

❶ 福奇.工匠精神：缔造伟大传奇的重要力量 [M].陈劲，译.杭州：浙江人民出版社，2014.

众所周知，德国是当今世界的工业强国之一，其产品以出色的工艺享誉全球，并产生了西门子、奔驰等一大批知名品牌。德国也提出了"工业4.0"（Industry 4.0）概念。工业4.0是基于工业发展不同阶段划分的，俗称第四次工业革命。工业1.0是蒸汽时代，工业2.0是电气时代，工业3.0是信息化时代，工业4.0是智能化时代。工业4.0项目由德国联邦教研部与联邦经济技术部联合扶持，在德国工程院、西门子公司等德国学术界与产业界的建议和推动下形成，目前已经是德国国家战略的一部分，联邦政府计划投入两亿欧元扶持该项目。2013年4月，汉诺威工业博览会正式推出该理念，此后迅速成为德国的一个国家标签，并且在全球引起轰动。该项政策有着丰富的内涵（图6-1）和目的，主要目的之一就是提升德国工业质量的品质，这对"德国制造"这一标签的发展有着重大意义。

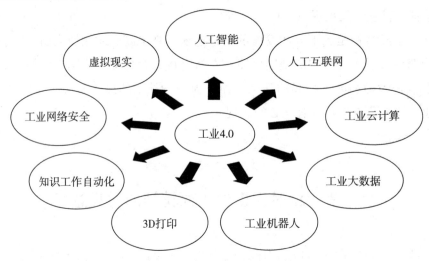

图6-1　工业4.0概念内涵图

如今，我们已经取得了"世界工厂"的成就，中国制造占据一席之地。但是，随着越南等东南亚国家技术的提升和中国人工成本的提高，制造业已经出现转移的迹象。我们不得不提前布局，引导制造业向着更加高端的行业发展。同时，在制造业发展的时期，我们仍然有"大而不强"的弊端。就中国制造的质量水平而言，产品供给质量不高，高端制造品牌能力较弱的局面至今还存在。这严重阻碍了中国产品的国际化发展。

历史经验证明，低质量的产品能获得的利益都是昙花一现的。只有在全行业树立工匠标签，弘扬工匠精神；只有在全社会范围内厚植工匠文化，弘扬"工匠精神"，实现由"重量"到"重质"的突围，才能推动中国经济发展进入质量时代，中国制造才能赢得未来。因此，要实现制造强国的目标，就必须在全社会范围内大力弘扬以"工匠精神"为核心的职业精神，以此激发企业家坚守实业和勇于创新的内在潜质，提升中国制造的自主创新能力，助力中国梦的全面实现。

二、弘扬工匠精神有助于企业在竞争中积累品牌资本

品牌是一种能够给企业带来巨大利益的无形资产,蕴含着一个企业的文化积淀和质量积淀,承载着消费者极高的认可。在现代市场经济的条件下,塑造良好的品牌形象,是企业参与市场竞争、赢得市场主动权的重要手段。

当前,中国品牌已经取得了十分明显的进步,但是与发达国家相比,我国企业在种类、品牌上仍有一定差距。提升中国品牌形象,需要工匠精神的回归。近几年的中国政府工作报告中已经多次提及鼓励企业大力弘扬工匠精神,打造中国品牌,提升中国产品的国际地位。质量之魂,存于匠心。只有大力弘扬工匠精神,细化服务、提升品牌质量,用产品软实力为市场铺路,才能满足消费者多样化需要,铸造享誉全球的品牌。

大量事实表明,工匠精神是塑造企业的核心和灵魂。苹果手机风靡全球离不开乔布斯"魔怔"一样地对产品质量的苛求,他对工作的精益求精被称为"残酷的完美主义"。正是基于对产品细节的"锱铢必较",才一度让企业成为"市值最高的公司"。不少中华老字号的产品能够驰名世界,背后都有着各自的匠心所在。

打造世界品牌,建设品牌强国,迫切需要工匠精神的支撑,如习近平总书记所说,要引导企业形成自己独有的比较优势,发扬"工匠精神,加强品牌建设,培育更多'百年老店',增强产品竞争力",让追求卓越、崇尚质量成为全社会、全民族的价值导向和时代精神。

三、弘扬工匠精神有助于培育劳动与敬业的社会心态

一个国家、一个民族的发展,离不开各行各业劳动者共同的推动。习近平指出:"劳动者素质对一个国家、一个民族发展至关重要。技术工人队伍是支撑中国制造、中国创造的重要力量,对推动经济高质量发展具有重要作用。"❶受制于历史原因,我国职业教育起步晚,一些民众仍然抱有"劳心者治人,劳力者治于人"的错误观念,敷衍了事、投机取巧的现象仍然存在,而工匠精神为纠正这一错误的社会动态,改善社会环境和行业环境,提供了一剂良方。

习近平指出:"一切劳动者,只要肯学肯干肯钻研,练就一身真本领,掌握一手好技术,就能立足岗位成长成才,就都能在劳动中发现广阔的天地,在劳动中体现价值、展现风采、感受快乐。"❷也就是说,弘扬工匠精神,能让劳动者感受到快乐,在劳动中体验自身价值。这有助于劳动者投入对工作的真情实感,让每个劳动者都在岗位刻

❶ 习近平.技术工人队伍是支撑中国制造、中国创造的重要基础 [EB/OL].中国社会科学网,2019-12-11.

❷ 习近平.在庆祝"五一"国际劳动节暨表彰全国劳动模范和先进工作者大会上的讲话 [N].人民日报,2015-04-29.

苦钻研、精益求精，追求更高的劳动质量、更优的品质，做到敬业奉献，自觉展示奋斗者的面貌。

时代需要工匠精神，中国梦需要工匠精神，拥有一颗磐石一样的匠心，精耕细作，终成大器。在我国全面深化改革的关键时期，必须大力弘扬工匠精神，努力孵化出更多的大国工匠，形成崇尚匠心的精神。从职业入手，到整个荣誉激励体制以及文化土壤的培育都需要深耕。

第三节 坚守职业道德，立志做大国工匠

一、职业道德基本内涵

职业道德与家庭道德、社会道德共同构建了道德的三大领域。职业道德是职业活动的产物。广义的职业道德是指职业人员从业和执业过程中所遵守的行为准则，涵盖了从业人员和劳动对象之间的全部关系。狭义的职业道德是指在一定职业活动范围内，应该遵循以及体现出一定职业特征的行为规范。同时，也是从业人员对社会应该承担的责任和义务。不同的职业人员在特定的职业活动中形成了特殊的职业关系和职业利益，由此形成了不同的职业道德规范。

中共中央印发的《公民道德建设实施纲要》指出：职业道德是所有从业人员在职业活动中应该遵循的行为准则，涵盖了从业人员与服务对象、职业与职工、职业与职业之间的关系。《公民道德建设实施纲要》提出职业道德的主要内容是：爱岗敬业、诚实守信、办事公道、服务群众、奉献社会。随着社会的进步，职业的发展，职业道德的共性内容也在原有的基础上变得更加丰富。

职业道德的基本要素主要包括职业理想、职业态度、职业义务、职业纪律、职业良心、职业荣誉、职业尊严和职业作风等方面。

二、职业道德发展

职业分工不是亘古不变的，职业道德也在变化。社会主义职业道德是和社会主义政治、经济、文化都相适应的职业道德，有自身的特点。

（一）原始社会——职业道德萌芽

人类社会最初的职业分工就是性别划分。原始社会没有明确的职业划分，这时候自然没有职业道德的产生。随着生产力的发展，最初的职业大分工出现，农业、畜牧

业、手工业成为社会上独立的生产部类，从业人员成为专职人员，随后职业道德产生萌芽。

（二）奴隶社会——职业道德的形成时期

奴隶社会时期，已经发展出较为成熟的农业、畜牧业、冶炼业、医疗业的明显分工，而且在意识形态领域也划分出了不同职业。《周礼·考工记》明确描述出"国有六工"。在奴隶社会中，奴隶也是一种社会分工，但是在奴隶主看来，奴隶是没有道德的，因为奴隶只不过是一种"会说话的工具"。这时候的社会分工和职业道德是对于奴隶主和自由民来说的。

（三）封建社会——职业道德发展时期

到了封建社会，生产力进一步解放，各种职业分工越发细化，调整职业之间的内部关系变成一件十分重要的事情，职业道德也相应取得了较大发展。中世纪的欧洲已经出现了面包师、铁匠、钟表匠等行会。与此同时，我国的屠宰、酒酿等行业也建立了行会，并逐步形成了对应的规章制度。

在西方，行会的出现，促进了西方资本主义的发展，保证了本城市手工业的发展稳定和会员的利益，防止了彼此之间的过度竞争。在中国，士大夫阶层也有着严格的职业道德要求，这在典籍中有大量的记载。

（四）资本主义时期——职业道德发展成熟

从18世纪中期开始，欧美一些先进的资本主义国家已经出现了机器取代手工的现象，第二次工业革命完成后，机器大工业代替传统手工业。各式新型机械的应用，使得职业活动空前频繁。传统职业得到了极大发展，新的职业也空前增多。一些人文社科职业出现在大众视野，如律师、记者等，人文主义思想深入人心。这些重大的变化，都是在社会分工细化、生产力极大发展的背景下产生的。20世纪中期，世界性质的职业行会开始出现，这些行会的范围更广，甚至更加具体化，职业道德在该时期得到快速发展。但是，资本主义社会阶级对立属性是永远存在的，不管资本主义国家如何在法律、商业、文化传播方面树立职业道德的理念，资本主义少数人占用大多数财产的矛盾不会改变，资本主义为资本利益服务，这背后必然隐藏着唯利是图、投机取巧的危机，这些非道德的因素是我们建设社会主义市场经济需要极力反对的。

（五）社会主义职业道德：职业道德的丰富和发展

社会主义制度的建立会使商业环境发生根本的变化，这为职业道德的发展奠定了良好的基础，给职业道德发展提供了更加广阔的空间。在社会主义的环境下，职业成为体现人与人平等的重要舞台。生产力仍然是制约职业发展的一大因素，但是由于各种职业在社会整体上的利益一致性，从业者之间和服务对象之间不存在利益上的矛盾，职业和岗位只不过是分工体系上的区别，没有高低之分。社会主义职业道德继承了传统职业道德的优良基因，体现了社会主义的特征。

社会主义职业道德是劳动者在职业活动中必须遵守的基本准则，是判断劳动者劳动面貌的标准，是社会主义生活的反映。为人民服务是社会主义职业道德的核心标准。

三、工匠精神和职业道德教育相融合

从本质上讲，工匠精神也是一种职业精神，是职业能力、职业品质的综合体现，是从业者一种职业上的价值取向和行为体现。在价值取向上，工匠精神同社会主义核心价值观高度契合，将工匠精神和职业道德融合，既可以拓展职业道德内容维度，也可以强化劳动者对职业的情感和意志。

（一）社会主义核心价值观为职业道德指明方向

社会主义核心价值观"敬业、诚信、友善"是每个公民都应当遵守的规范，在这种价值观追求影响下，公民可以更好地处理人际与社会之间的关系，不断提升个人境界。工匠精神，就是一种职业精神，体现着劳动者的职业态度，凝结着劳动者的职业追求。二者有部分重叠之处，都包含一定的"敬业""诚信"等内容。

工匠精神的首要价值在于引领匠人潜心钻研，提高技艺生产水平。工匠精神也有育人价值，工匠精神本身作为一种职业道德规范，通过对职业生活中人的行为活动从道德层面作出判定，达到育人的目的。它强调的道德规范，能从根本上指明人才培养方向。基于此，工匠精神和社会主义核心价值观保持高度契合，也为职业道德教育指明方向。

（二）丰富职业道德教育内容，充实职业道德精神

工匠精神倡导的"精益""创新""专注"是对职业道德的补充，为新时代职业道德内容注入了新的血液。"精益"是对产品、工序的追求。"创新"是对爱岗敬业的进一步诠释；"专注"体现的是对工作的感情。"专注"是丰富职业品质的内涵。"创新"是职业能力培养的核心，这成为新时代大学生职业道德教育的一部分。"精益"是前提，"专注"是过程，"创新"是结果。

（三）工匠精神对大学生成长成才具有道德指引作用

无论是工匠精神还是职业道德，其根本上都是实践的。教育课程实践包括社会实践和专业实习实践。实践的教学是将工匠精神从理念转化为自身素养的有效途径。

教育的目标是立德树人，大学时代是学生人生发展的关键阶段，是步入社会转变为职业人才的准备阶段。大学生能否有用武之地，关键在于摆正"德"与"才"的关系。"德"是"才"的统帅，决定才干的方向；"才"是"德"的支撑，影响着德行的范围，学生不仅需要热爱所学，也需要注重对"德行"的培养。一个人如果没有良好的职业道德素养，即使拥有再多的专业知识技能都不会对社会和他人有所帮助，相反可能会危害社会，危害他人。

"工匠精神"体现了社会对从业者技术与道德两个方面的要求，具体包含着精益求精的职业态度、热情专注的职业品质、守正创新的职业能力等内容，这既是对从业者的要求，也是对从业者的规范，是"匠术"与"匠心"的有机统一。普通高校必须适应时代发展要求，着力培育大学生的"工匠精神"，推进"匠心"与"匠术"教育，勉励学生学好专业知识、增强技能本领，养成职业态度，提升职业品质，遵守职业道德，从而全面提升自己的职业素养，为大学生的成长成才奠定基础。

第四节　新时代大国工匠典型代表人物事迹

一、为了蘑菇云在神州升起

邓稼先（1924—1986），核物理学家，安徽怀宁人。1945年毕业于西南联合大学物理系。抗战胜利后，在北京大学物理系任教。1948年赴美国留学，获物理学博士学位，1950年回国。1956年加入中国共产党。他曾任国防科工委科技委员会副主任、核工业部科技委员会副主任、核工业部第九研究院院长、中国科学院物理学、数学学部委员。他长期从事核物理的研究，是我国核武器理论研究工作的奠基者和开拓者，研制和发射核武器的主要技术领导人之一。

1950年的春天，中华人民共和国成立的消息传到了大洋彼岸。正在美国印第安纳州普都大学任教的邓稼先，仿佛听到了母亲的呼唤，心中再也无法平静。回到祖国的怀抱去。这位年轻的博士从心底发出了呼喊。当时，回国的路途布满险阻。邓稼先不顾艰难险阻，坚持回国。在祖国的援助、特别是周恩来总理的直接关怀下，他和两百多名留学生，终于冲破重重阻挠，回到了祖国。

就在这一年，邓稼先与先后回国的著名科学家钱三强、彭桓武、王淦昌一起，参加了中国科学院近代物理研究所的创建工作。当时，他只有27岁，被专家们亲切地称为"娃娃博士"。1958年的初春，在核工业部部长办公室里，邓稼先接受了一项特别任务：点燃中国的第一枚原子弹。"我能行吗？"面对着这突然降临的艰巨任务，他不免有些不安。"能行，想想吧。这件事关系到祖国的安危，你一定能干好。"这个声音一直响在他耳边。春寒料峭的夜晚，邓稼先漫步在雨后的街头，他的胸中却像揣着一团火。他忘不了旧中国那段屈辱的历史，从鸦片战争到14年抗战，中华民族之所以会经受百年的欺凌，一个重要的原因就是自身落后。如今只有研制出中国自己的原子弹，热爱和平的人民才能有安宁的生活。

路都是从无到有走出来的

干事，就得有能干的人。长达百余天的时间，邓稼先奔波于北京的一些高等学府，挑选中国第一批研制原子弹的精兵。金秋季节，他与28位新毕业的大学生一起，聚集到北京郊外的一片荒野，开始了这场前途未卜的战斗。青年最富于创造性，最容易接受新事物，而且，这项事业的人才培养必须着眼于未来。这就是邓稼先从大学生中组建第一批队伍的原因。

"在原子的领域里，你们中国人的大脑还是真空的。"有的外国人带着嘲讽的口吻说。"真空有什么？天底下的路都是从无到有走出来的。"邓稼先回答。

对于这些年轻的大学毕业生来说，邓稼先既是领导，又是教师、朋友。他为他们讲课，帮助他们选择学习材料，确定研究方向。遇到陌生的内容，他和大家一起探讨。有时，为了搞清一个新课题，他常常彻夜不眠，第二天早上用冷水浇头后，又匆匆走上了讲台。

"他人是靠不住的，研制原子弹必须自力更生。"邓稼先告诫自己的同伴。

那时，他凭着自己的机敏，已经洞察到国际关系中正在发生的一些微妙变化。他督促学生们要想方设法，尽快向外国专家多学一些技术。与此同时，他经过深思熟虑，开始制订自己研制原子弹的具体计划。他首先以一个战略家的眼光，为研制组确定了理论攻关方向，要求每一个成员都要全面掌握，吃透钻深。28年过去了，当我们访问这些已是成就卓著的中年科学家时，他们无不满怀深情地说："那时候我们心中无数，茫然无知，是老邓确定的这个方向，使我们集中精力，争取了时间。就是现在，它依然是我们科研攻关中不可偏离的中轴。"

1960年，邓稼先担心的事终于发生了，外国专家一批批撤离了中国。可是，也就是在那年，经过近两年的理论建设，向原子弹堡垒直接进攻的第一次战役，在邓稼先的指挥下，在这个小小的研究机构里打响了。那是个历史性的开端。他们在中国式的计算机上模拟原子弹爆炸的全过程。说是计算机，其实只不过是几台手摇、电动式的计算器，外加一些算盘而已。

用这些东西就想模拟原子弹的爆炸？有人把它看成笑话。

事情看起来有点不可思议，但奇迹就是这么创造出来的。邓稼先和助手们不仅弄清了过程，掌握了规律，还纠正了外国专家的一个不算很小的错误结论。这个正确结论的得出可不是轻松的。邓稼先9次计算，花费了整整9个月的时间。那时，每人每月二两肉，半斤点心。在有些单位用"劳逸结合"来对付浮肿病的时候，邓稼先和助手们却在夜以继日地奋战。邓稼先身先士卒，常常在办公室和衣而卧，急切地等待着一个个即将被验证的数据。

庞大工程的组织者

成功的开始，增强了人们的信心和决心，研制原子弹的队伍在迅速扩大，到1960年底，研究所已经拥有一百三十多人了。理论是技术的基础。为了使研制工作充满活力和后劲，必须抓紧组建高级理论班子。这是邓稼先在征求有关专家的意见之后作出的又一重大决策。于是，在中央领导和科学家们的支持下，一个由八位科学家组成的理论班子诞生了。邓稼先是主任，担任第一副主任的，就是著名的物理学家周光召。

这个被称为"八大主任"的理论班子的建立，使原子弹理论研究工作向前跨进了一大步。周光召从理论上进一步证实了邓稼先9次计算结论的正确性，接着又带领力学组的成员，在以前的工作基础上，圆满地解决了原子弹内部的所有关键的力学问题，使整个原子弹的研制工作有了较大的发展。

与此同时，他们三管齐下，两位在流体力学和数学上有很深造诣的副主任亲密合作，率领一部分同志，又成功地解决了不定向流体力学的计算方法问题。邓稼先亲自主持高温高压下物质状态的研究，完成有关的理论计算系统。这是个相当困难的研究工作。当时，我国的科研条件不如某些发达国家，能在高级试验室里高度模拟原子弹爆炸的状态，以验证计算系统的正确性。邓稼先和他的同伴们硬是从这走投无路的困境中摆脱出来，从能够模拟的环境和条件开始，创造出了一套中国式的外推法。后来将外推结果与国外同类试验的数据对照，结果吻合，完全正确。

邓稼先的战友们不止一次地对记者说，老邓不仅是一位杰出的科学家，更重要的是他是这个庞大系统工程的出色组织者和指挥家。他面对的是一群个性十分突出的科技专家，这些人中既有同时代的伙伴，也有隔代的学生；既有熟悉的朋友，也有与他意见不一的同事。然而邓稼先用一颗朴实、真诚的心，把大家组织在一起，劲往一处使，攀登通天塔。邓稼先就是这样，为祖国闯出了一条通向原子王国的捷径。

1963年，我国的第一颗原子弹理论方案诞生了。接着，根据这一方案进行的一系列冷试验，获得了成功。

1964年的10月，在金色秋天的阳光下，那神话般的蘑菇云，那包含着我国科学家智慧和力量的神奇之火，终于点燃了。祥云腾空，在祖国的神州大地上空，响起了震天的欢呼声。

向着新领域出发

每当回忆起往事，邓稼先和他的战友们眼前就会浮现出周恩来总理的身影。

那是在一次新的试验之前，周总理请邓稼先去汇报情况。总理的办公室里，没有地方放图纸。他微笑着让邓稼先铺在地上，一点一点地讲，当提到"这次试验加了点新东西"时，总理立刻让邓稼先指出在图纸的什么地方。

听完了邓稼先的汇报，总理满意地点点头，并紧紧地握着邓稼先的手，祝他们成功。不久，这颗加有新内容的原子弹又成功地爆炸了。进取是没有止境的。闯过了原子弹的门槛，他们又开始向新的领域——氢弹进攻了。不言而喻，这是一次难度更大的进军。形象地讲，原子弹是用中子作火柴去点燃裂变材料，而氢弹则是用原子弹作火柴去点燃聚变材料。为了争取时间，早在原子弹理论取得完全突破之后，邓稼先和以他为首的八大主任班子，就已经有远见地考虑下一步的行动了。当1963年第一颗原子弹的理论方案出来时，一个多路探索氢弹奥妙的科研班子，已经在邓稼先与同伴们的共同决策下组成了。随着原子弹从理论研究发展到实弹爆炸，一个以多路探索为宗旨、寻找氢弹突破口的游击战也在悄悄地进行着。

1965年，就在我国第一颗原子弹成功爆炸后的几个月，从上海传来了振奋人心的消息：以一位副主任为首的研制组，摸索到了"一条幽静的小路"。

听到这一喜讯，邓稼先立即乘飞机赶到上海，在了解到这一消息真实可靠以后，他又与这位副主任等人一起直飞西北试验场，向正在那里视察工作的领导同志作了紧急汇报。在他的参谋决策下，当时的核工业部部长刘西尧，作出了立即按有关方案组织进行理论冷试验的决定。

理论冷实验一举成功。中国的科学家就是这样以令人震惊的速度，摸到了打开氢弹奥妙之门的门环。结束多路探索，集中力量攻关，这是邓稼先作出的又一个关键决策。

兵力集中了。箭在弦上，只待引发。那时候，听到法国也要爆炸氢弹，一些科技人员急了，他们提出，一定要抢在法国人之前爆炸我们的第一颗氢弹。

"好，我支持。"邓稼先立即将这件事向部领导作了汇报，并把这句话作为口号，在全所召开了动员大会。可别小看这句口号，邓稼先就是用它将当时已经有些散乱的力量，又神奇般地拧在了一起，全力以赴地投入研制氢弹的攻坚战。

那是一段值得回味的历史。为了解决最后的几个课题，所有人坐到了一起，讨论着，研究着。1967年6月，我国的第一枚氢弹终于抢在法国之前在我国西北地区上空爆炸了。从原子弹到氢弹，美国用了7年，苏联用了5年，法国用了8年，而我们只用了两年零八个月。

二、冶金战线的英雄小组

马万水（1923—1961），全国先进生产者，河北深州市人。曾任河北省龙烟钢铁公司庞家堡铁矿"马万水小组"组长。50年代他领导的"马万水小组"，一直是全国黑色金属矿山掘进冠军。1958年上半年，冶金部向全国冶金矿山推广马万水和他的小组的经验。龙烟钢铁公司内部推广"马万水小组"的经验后，7年中平均掘进进尺就增长了17倍。1959年他和他的小组出席了全国先进生产者代表会议，他被授予全国先进生产者称号。

龙烟钢铁公司"马万水小组"是一个全国著名的先进集体。这个小组在党的教育与培养下，经受住了各种斗争的考验，并以坚强的革命意志征服了复杂多变的岩石，在矿山建设中作出了很大的成绩。14年来他们连续创造四次快速掘进纪录，一直保持着全国黑色金属矿山快速掘进的冠军，先后凿通了2万多米的巷道，挖出了20万立方米岩石。掘进月进尺，由建组初期的1.7米提高到628.2米，提高了369倍；掘进工效由建组初期的每工0.034立方米提高到1.5立方米，增长了44倍。14年来这个小组还培养出73名干部，担任了车间主任、科长、区长等职务，输送160多名技术工人，为社会主义建设作出了很大的贡献，成为冶金战线上一个革命化的英雄班组。

吃得苦中苦

马万水小组的诞生地——龙烟钢铁公司庞家堡铁矿，是中华人民共和国成立初期，党在华北地区重点恢复建设的重工业基地。中华人民共和国成立前，这个铁矿几经敌人严重破坏，早已千疮百孔、破烂不堪了。1949年矿山恢复工作队接管时，整个矿上空无一物。靠工作队里的一名老矿工作向导，众人才从一人多高的蒿草丛里，找到了一个塌陷多年的有巷道口——30号石巷。这就是庞家堡铁矿创业兴家的起点。庞家堡铁矿第一个掘进组（马万水小组的前身）的十几个工人，从废墟上捡起钢钎铁锤，从这里开始了庞家堡的第一班生产。

30号石巷是个难以对付的坚硬的石英岩层。当时，没有机械，没有风钻，全凭工人用铁锤和钢钎凿岩。同时，生活条件也十分艰难。开始，没有房子住，大家都住在土窑里，吃的是小米饭拌盐。马万水和他的小组，不仅毫无怨言地过着艰苦的生活，而且越干越有劲。马万水经常以自己的身世和决心，鼓励和教育那些受过同样苦难的阶级弟兄，提高大家的觉悟，激发大家的革命精神。那时没有通风设备，打眼放炮以后，久久不散的炮烟，经常耽误打下一个眼的时间。他们就脱下衣服，把炮烟扇走。没有雨衣和胶鞋，他们就冒着淋头水工作。当时物资供应困难，矿领导好不容易为他们弄来6双胶鞋，马万水又借来了3条麻袋当"土雨衣"。但是因为东西少，谁也不肯先用。组长让给组员，党员让给群众，干辅助活的又让给抡大锤的，互相推让。就是这样，马万水小组用 3 条麻袋、6 双胶鞋，坚持在巷道中生产。从 1949 年 9 月成立起，一直奋战到 1950 年 6 月，终于在全国传出了第一个捷报，以手工操作月进石英岩巷道 23.7 米的成绩，打破了全国纪录。

不断革新创造

"一块铁板闹革新"是马万水小组有名的故事。建组初期，还是手工作业，用铁簸箕装车既慢又累，马万水就日夜琢磨如何改进。一天，他偶然发现土建工人在铁板上用铁锹和水泥，效率高，又省劲，从这里他得到启发，大胆地把它运用到坑下，终于创造了"铁板装车""车上铁板"等新操作法，使效率提高了 1 倍以上，减轻了工人的劳动强度。

当国家公布了第一个五年计划以后，他们以激动的心情接受了开凿庞家堡矿第一平硐的艰巨任务。这是提高全矿矿石产量的关键工程，也是改善井下工人劳动条件的主要措施。但是，第一平硐不仅岩石坚硬多变，而且是一种大规格的巷道，断面达到 14 平方米以上。开凿这样大规格的巷道对全矿来说是第一次，工人们没有一点经验。开始，他们采取两次掘进的办法，日进尺最高只能达到 2 米多。大伙心里十分焦急：全国人民都在争着要提前完成第一个五年计划，而我们却像老牛车似的，这进度怎么能赶上形势需要？为了突破这个难关，马万水动员全组工人琢磨研究，有的请技术人员翻阅资料；有的拜师访友。经过老工人、技术人员们几天集体研究，最后马万水大胆地提出将两次掘进合并为一次掘进的建议。这个建议得到了工地党支部的积极支持，并派工程技术人员帮助小组进行试验，效果很好，日进尺一下子由 2.5 米提高到 4 米。难题解决了，小组工人干劲更足了，经过几个月的努力，终于在 1955 年 10 月工人们创造了大规格巷道月进 128.5 米的全国黑色金属矿山掘进新纪录。

每一项革新，每一个创造，都要经过斗争。马万水小组在这方面也表现出了革命的大无畏精神。1958 年，马万水小组为了加快掘进进度，在能不能再增加风钻的问题上就和保守思想展开了一场大争论。当时，他们正碰到最坚硬的岩石，炮眼十分难打。为了加快掘进速度，就需要采用多台风钻的操作法，但是有些人说风钻的台数已经到了"极限"，反对增加风钻。马万水小组响亮地回答说："谁规定的极限？难道我们就不能打破这个极限？"他们经过 3 年的刻苦钻研与试验，终于在 14 平方米的断面上，采用长短钎交叉的办法布置了 11 台到 12 台风钻同时打眼，打破了通常的习惯极限，大大提高了凿岩效率，班循环由 2 次增加到 3 次，班进尺由 3 米增加到 4 米，为我国快速掘进开创了先例。

虚心使人进步

14 年来，党和国家给予马万水小组以崇高的荣誉，他们多次参加了企业、市、省和全国的群英会，各地的同行们、学生们写来了一封封热情赞誉的信，一批一批的参观者不远千里来向他们学习。但是，所有这些并没有使马万水小组停步不前，他们把荣誉当作鞭策自己不断前进的动力，始终牢记毛泽东同志的"虚心使人进步，骄傲使人落后"的教导，全组工人多次讨论，并把它写在小组会议记录簿上。老工人离开小组时，总要把这些话认真地传达给接班者。

1959年10月，《工人日报》刊登了《马万水小组十年居冠军，九次登高峰》的报道，全国各地许多矿山的兄弟队组纷纷写贺信、拍电报来祝贺胜利。面对夸赞，矿上有的工人说："咱们小组就是了不起，谁能比得上？"这时马万水和小组的其他同志，就领导全组工人认真检查了自己的工作，前任大组长、共产党员郭进才说："10年整整是120个月，在这么长的时间里，为什么我们只创造了9次全国最高纪录呢？我们的成绩太微不足道了。"从此，他们发愤图强，继续前进，在1960年又连创三次全国快速掘进新纪录，把红旗插到了更高峰。

延伸阅读

安平桥是首批全国重点文物保护建筑，横卧于晋江安海镇和南安水头镇之间的海面上，长近5里，俗称"五里桥"，享有"天下无桥长此桥"之誉。该桥始建于南宋绍兴八年（1138年），历时14年完成，明清两代曾多次重修。安平桥属于中国古代连梁式石板平桥，桥面用2000多块石板拼接而成，是中国现存的古代最长、工程最浩大的石桥之一。

这样浩大的工程，在宋代没有现代化设备的情况下，巨石是如何开采，如何搬运，又是如何架设成功的呢？

据地方媒体报道，"睡木沉基"是当时先进的筑基建桥技术，既简单方便，又省工省料。安平桥的大部分石料是从大佰岛开采的，石料长短不一，最长的有11米，最重的有二三十吨。在涨潮时用船运载石板，浮架于墩之上，待潮汐慢慢下退，桥板从而横放在墩的上面。桥完工后，利用桥墩养殖牡蛎，待牡蛎长成后其外壳嵌包着桥墩，这样可以减少海浪的冲刷和外表风化。

安平桥全桥有疏水道36孔，桥墩以条石纵横叠砌而成。根据水域深浅、流向和流量的不同，桥墩采用了方形、单边船形及双边船形的构筑形式，这种因地制宜的桥墩设计令人惊叹。

福建先民为何要如此设计呢？有地方媒体对此作了相关的解释。由于安平桥跨越中亭港、西姑港、水头港等五个港道，港道有深有浅，水流有缓有急。设计者注意滩涂地质的特点，根据海潮洪水的流速和流向的不同，设置桥墩的位置和形状，因地制宜，各有特点。方形桥墩筑在水流较缓的浅海上；单边船形墩，迎水流急的一头为尖形，背水流缓慢的一头为方形；双边船形墩，两端呈尖形，状如舟筏，筑在水流湍急而港面较宽的主要港道之间。可见，当时就能巧妙运用潮汐涨落规律，区别于不同部位，采取形态各异的桥墩结构，以缓和水流冲击。

该桥是中国现存最长的海港大石桥，这一伟大工程是无数先民的血汗和智慧的结晶，显示了古代劳动人民的聪明才智和桥梁建造的辉煌成就。它为了适应当时泉州海上贸易发展的需要应运而生，对当时的经济、商旅运输、对外贸易起到了重要作用。它既是安海港兴盛的历史见证，也是泉州海上丝绸之路港口城市的重要载体。

中国著名桥梁专家茅以升在《安平桥》文中赞叹道："这在世界古桥中，恐怕是唯一的。"

思考题

1. 什么是真正的工匠精神？新时代工匠精神的内涵是什么？请从国家层面、社会层面和个人层面进行解读。

2. 在大家都想成为"网红"、明星的"暴富"时代，工匠精神的再度爆红，反映出怎样的社会变革和客观生产需要？

3. 处在新时代的青年学子，应该怎样将工匠精神更好地传承和发扬下去？

第七章　劳动保护

导语：

劳动保护，也称"劳动安全卫生"，是指根据国家法律法规，依靠技术进步和科学管理，采取组织措施和技术措施，消除危及人身安全健康的不良条件和行为，防止生产事故和职业病的发生，保护劳动者在劳动过程中的安全与健康。

教学目标：

认知	情感态度	运用
理解劳动保护的具体措施和相关法律	培养学生注意安全的意识，树立"安全第一"的理念，合理运用相关法律知识维护自身权益	引导学生查阅相关的劳动安全案例，从中学习相关法律知识

第一节　劳动保护概述

一、劳动保护的概念

劳动者受到保护是劳动者实现宪法赋予的生命权、健康权的具体保障。劳动安全与卫生，既相互联系，又彼此独立，共同组成劳动者劳动保护的屏障。劳动安全是指用人单位应保证劳动场所无危及劳动者生命安全的伤害事故发生。劳动卫生是指用人单位应保证劳动场所无危及劳动者身体健康的慢性职业危害发生。

在社会主义制度下，国家对劳动者的保护是多方面的，凡是关系到劳动者切身利益的事项，如劳动就业权、劳动报酬权、休息休假权、职业培训权、社会保险权等，国家都要加以保护。我们这里所说的劳动保护，主要是指对劳动者在劳动过程中的安全与健康的保护。

在劳动过程中，由于作业场所环境和劳动条件的限制，存在着各种不安全、不卫生的因素，如使用电气设备，人员易触电，发生电击伤；使用压力机、剪切机，可能造成人员机械伤害；操作锅炉、压力容器，可能发生爆炸；矿井作业，可能发生瓦斯爆炸、冒顶、片帮、水灾、火灾；建筑施工，可能发生人员高空坠落、人员遭受物体打击；交通运输，可能发生车辆、船舶、飞机的交通事故，从而造成人员伤害；粉尘作业，可能造成人员罹患尘肺病；有毒作业，可能造成人员职业中毒；从事通信工作，可能会使人员受到电磁波伤害；开发和利用核能，可能会使人员受到放射线的伤害；等等。对这些不安全、不卫生的因素，如果不采取切实可行的措施予以防止和消除，就可能发生伤亡事故和职业病，危害劳动者的安全与健康，影响生产、工作的顺利进行。所以，我们要不断改善劳动条件，加强劳动保护，防止生产事故和职业病的发生，为劳动者创造安全、卫生、舒适的工作环境。

二、劳动保护的作用

加强劳动保护，事关人民群众的生命和财产安全，国民经济的全面、协调、可持续发展以及社会稳定的大局，是我们党和国家的一项基本政策，也是企业管理的一项基本原则。劳动保护的作用主要有以下几项。

（一）有利于保障人民群众的生命和财产安全，维护劳动者的合法权益

劳动者是社会物质财富和精神财富的创造者，是生产力中最积极、最活跃的因素，也是生产安全事故的最直接、最严重的受伤害对象。劳动者在从事生产经营活动中存在着许多不安全因素和不确定状态，如果不具备安全生产条件，不采取安全保护措施，或者违反安全操作规程，往往容易引发安全生产事故，造成人身伤亡。这不仅给劳动者和他们的家庭带来很大痛苦，也会给国家和社会造成很大危害。因此，在劳动过程中，必须随着经济发展和科技进步，不断改善劳动条件，切实搞好安全生产，最大限度地减少伤亡事故的发生，从而保障人民群众的生命和财产安全。

（二）有利于确保生产经营活动的正常进行，促进社会生产力的发展

社会主义的根本任务是解放和发展生产力。而发展生产力，首先要保护生产力，最主要是保护劳动者。科学发展，首先要安全发展。习近平总书记明确指出，人命关天，发展决不能以牺牲人的生命为代价。这必须作为一条不可逾越的红线。只有高度重视劳动保护，不断改善劳动条件，消除劳动生产中的各种不安全因素，防止伤亡事故的发生，才能保障劳动者的安全，才能保障生产经营活动的正常进行。同时，加强劳动保护是与采用先进技术、实现生产过程的机械化、自动化以及改进操作方法等密切联系的，这样不仅可以大大改善劳动条件，还能促进劳动生产率的提高。同时，加强劳动保护，改善劳动条件，还有利于激发广大劳动者的劳动热情和劳动积极性，促进社会生产力的发展。

（三）有利于保持社会稳定，并在此基础上保证社会和谐

社会稳定是社会和谐的基础，是改革发展的前提条件。如果生产安全事故不断发生，劳动者生命得不到保障，将会使广大劳动者感到不满，严重时还可能使人民群众对党和政府为人民服务的根本宗旨产生疑虑和动摇。同时，生产安全事故的发生，不但给国家和用人单位带来经济损失，而且给劳动者本人造成伤害和痛苦，给其家庭带来不幸，也可能给社会带来不安定因素。因此，只有切实加强安全生产，防止生产安全事故的发生，才能从根本上消除这些影响安定团结的因素。

第二节　劳动防护用品

劳动防护用品，一般是指为防止各种职业毒害和外伤而发给职工在劳动中随身使用的各种必备护具，亦称个人劳动防护用品或个体护具。

劳动防护用品是保护劳动者生命健康的重要物品，是劳动者作业的必备物品，尤其涉及高空、驾驶、矿业、切割、冶炼、运输等高危行业，劳动防护用品更是必不可少的内容。从某种意义上来说，劳动防护用品甚至是保护劳动者生命健康的最后一道措施，必须引起劳动者本人和用人单位的重视。它区别于劳动者福利措施。劳动防护用品在生产劳动过程中，是必不可少的生产性装备，企业要按照有关规定发足，不得任意削减，广大职工要十分爱惜，认真用好。

一、劳动防护用品的一般要求

劳动防护用品的作用，是使用一定的屏蔽体、过滤体、系带或浮体，采取阻隔、封闭、吸收、分散、悬、浮等手段，保护人员肌体的局部或全部免受外来的侵害。因此，防护用品必须严格保证质量，做到安全可靠，并要穿戴舒适方便，不影响工作效率。最后，还需要保证一定的经济性，在不影响质量的前提下降低生产成本，便于企业和劳动者能够及时采购和更换。

各类劳动防护用品都与职工的生命安全和身体健康息息相关，劳动防护用品设计和制作时，应严格遵守三项原则：一是劳动防护用品应穿着舒适、便于操作，结构精简，在满足防护功能的条件下，尽量使其外观优美大方；二是劳动防护用品必须选用优质的原材料制作，其质量必须符合国家或地方规定的技术标准；三是劳动防护用品不得损害佩戴者的身体器官，不能变成影响劳动者身体健康的另一个因素。

二、现代安全管理

除了在装备上保证劳动者作业安全，在管理上也需要保证劳动者的权益，这可以说是一种"软实力"。所谓安全管理，就是用经济、行政和法律手段，采取切实可行的技术和组织措施，使安全工作寓于生产经营全过程的各个环节之中，确保参与生产活动的人、设备和环境处于安全卫生状态。现代安全管理，就是引进现代管理的方法，用于安全管理之中。具体说，就是应用系统工程理论，定量地分析系统的安全状态，经过比较与评价，提出目标与对策，将系统的危险控制在最低限度。

（一）安全目标管理

安全目标管理，是用人单位目标管理体系中的一项重要保证体系。主要是根据用人单位的实际情况和工作要求，制定安全生产各项工作的目标值，并把它作为考核各级组织和部门乃至每个职工的指标。实行这种管理方法，是使安全生产工作从定性要求升华为定量要求，以促进工作的进步。安全目标通常分为以下几项。

1. 伤亡事故控制指标

一般是根据不同行业的特点确定一定时期内各类事故的千人死亡率及千人重伤率。煤炭行业一般采用百万吨死亡率。

2. 伤亡事故经济损失控制指标

按照《企业职工伤亡事故经济损失统计标准》（GB6721—86）的计算方法，确定一定时期内的控制目标。

3. 职业病患控制指标

设定一定时期内职业病发病率及职业病患者死亡率。

4. 日常安全管理工作评价指标

主要指日常的安全教育、安全检查、安全评比和隐患治理等。将这些内容定量化，再根据难易程度来确定考核标准。目的是推动管理工作的进步，保证其他指标的实现。

为了保证上述目标的实现，必须将安全目标分解，以分清责任，落实任务，对于用人单位来说，有了安全管理总目标后，一要横向展开，即企业中各职能部门对企业的总目标进行分解；二要纵向展开，即企业中各生产部门根据企业的总目标先从上到下层层分解，再自下而上形成一个保证体系，即个人保班组，班组保车间，车间保工厂，不管哪一级都要实现安全目标，概括为横向展开要到边，纵向展开要到底，形成一个从上到下人人有责任、人人负责任的良好局面。

（二）事故预计

伤亡事故预测，是根据统计资料和实践经验对伤亡事故的未来发展作出科学的判断。其意义主要有两方面：一是通过预测，以掌握伤亡事故的发展趋势，为实行目标管理和评价安全生产工作提供定量的依据；二是通过预测，找出发生伤亡事故的重点和地区、部门、类别、场所和部位，掌握主要矛盾和事故发生的规律，为采取积极有效的预防措施提供依据。事故预测分两个范畴。一种是宏观的事故预测。其是指对一个地区、一个行业或一个产业部门的整体在一定时期内可能发生的事故进行预测。主要应用于综合管理部门对地区、行业和产业部门进行整体考核、评价及采取相应的对策。主要方法有回归预测、指数平滑法等。另一种是系统预测和危险点预测。这是区别于宏观预测的一类预测方法，主要有系统危险性分析、故障类型及影响分析、事故树分析和事件树分析等方法。对于单项危险点的事故预测，多用事故树分析方法。

事故树采用了由原因到结果的逆过程分析方法。即先确定事故的结果，作顶上事件（即所要分析的对象事件），画在最顶端，然后找出它的直接原因或构成它的缺陷事件，诸如设备缺陷和操作者失误等，这是第一层。再进一步找出构成第一层的事件原因，成为第二层。以此类推，一层一层地分析下去，下到找到最基本的原因为止。每层之间用逻辑符号连接，说明它们之间的关系。整个分析过程类似一株倒挂的树形，其末梢就是构成事故的基本原因，因此把这种事故预测模型称为事故树（表7-1）。把这种事故预测的方法称为事故树分析。

现以地铁失火事故为例，对事故树分析的应用作简单介绍。

已知造成地铁运营火灾事故的主要原因在于：起火源；火情控制不力；其中起火源与可燃物与氧化剂产生化学反应从而导致火灾的发生。因此，在构建地铁运营火灾事故树模型时，以地铁运营火灾事故为顶上事件T；以起火源、火情控制不力、起火源与可燃物作为次顶事件。当三者同时发生时，地铁运营火灾事故随之发生，故采用"与门"逻辑连接三个事件。接下来，采用同样的方法将其他变量参与其中，直到获得可表示事故的全部基本事件与逻辑关系，即形成完整的地铁火灾事故树模型（图7-1）。

表 7-1　地铁火灾事故树变量对照表

编号	事件名称	编号	事件名称
M1	火源	X7	爆炸
M2	内部火源	X8	消防系统设计缺陷
M3	火情控制不力	X9	探测报警功能失效
M4	外部火源	X10	消防栓灭火系统失效
M5	恐怖袭击	X11	灭火器失效
M6	灭火失败	X12	防烟排烟系统失效
M7	消防系统不力	X13	气体自动灭火功能失效
M8	消防功能失效	X14	逃生出口不足
M9	救援疏散系统不力	X15	救援疏散设备不完善
M10	人员不安全行为	X16	救援通道不畅
M11	内部员工	X17	逃生组织不力
M12	乘客	X18	消防技能不合格
M13	消防管理不力	X19	缺乏安全人员
X1	行车事故	X20	乘客恐慌
X2	员工操作失误	X21	缺乏自救能力
X3	设施设备故障	X22	消防演练不充分
X4	乘客违规携带易燃物	X23	消防管理制度未落实
X5	商业点起火	X24	火灾应急预案不到位
X6	纵火		

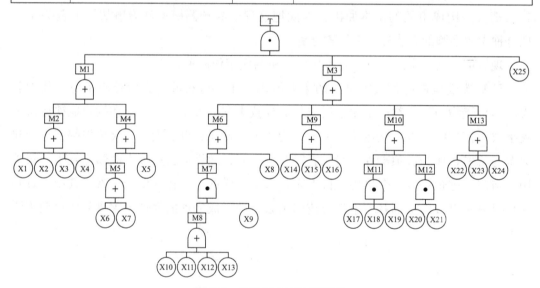

图 7-1　地铁起火事故树简析

用数学的手段进一步分析，则可更明确得知，只要控制住哪几个基本原因，事故就可以得到控制。常用的是布尔代数—逻辑代数。

用布尔代数化简事故树，可以得到事故树的最小割集和最小径集。

最小割集表示系统的危险性，它能直观地、概略地表明哪种基本原因（事件）最危险，哪种稍次，哪种可以忽略不计。

最小径集表示系统的安全性。它能使我们知道，要使事故不发生，只要控制哪几个基本原因（事件）即可。并表示有几种方案可以达到不发生事故的目标。

以最小割集和最小径集，可排出事件的结构重要度——从事故树结构上反映基本事件的重要程度；求出概率重要度反映基本事件概率增减对顶上事件发生概率影响的敏感度；求出临界重要度——从敏感度和自身发生概率大小双重角度反映基本事件的重要程度。

用布尔代数对事故树进行定性分析和定量分析，在这里仅作简单的概念介绍，对于如何计算和分析，在此不作介绍，可参阅相关书籍。

第三节　劳动保护法律法规

一、法律的概念和特征

法律是由国家制定或认可并依靠国家强制力保障实施的，反映由特定社会物质生活条件所决定的统治阶级意志，以权利和义务为内容，以确认、保护和发展对统治阶级有利的社会关系和社会秩序为目的的行为规范体系。法律具有以下几个特征：法律是一种概括、普遍、严谨的行为规范；法律是国家制定或认可的行为规范；法律是国家确认权利和义务的行为规范；法律是由国家强制力保障实施的行为规范；法律是调整社会关系的行为规范；法律是具有普遍性的社会规范。

二、劳动法体系的含义

劳动法体系是指劳动法律规范按照一定的调整对象、规格和逻辑所组成的和谐统一、有机结合的现行法的系统。劳动法体系是立法者自觉对劳动法规范加以整理创造并使之系统化的结果。应该特别强调的是：劳动保护法律不仅反映了我国劳动者的主人翁地位，还反映了许许多多劳动者的用鲜血换来的经验加以科学化的结晶。每个人要十分珍惜和维护它。

劳动保护立法的意义主要体现在以下几个方面。

（一）用法律的形式确认安全与生产的关系

人类自从事生产劳动以来，安全就是生产劳动中的一个不可分离的组成部分。一个生产过程的顺利完成，是由决策、生产和安全三者结合在一起进行的。特别是在现代化大生产的过程中，没有可靠的安全保障，整个生产过程就寸步难行。如果对生产中的事故隐患和人为的不安全因素不采取必要的措施及时予以控制或消除，事故的发生就是不可避免的了。所以把安全与生产的关系用法律形式固定下来，是依法监督和制止人们在进行决策和生产劳动中违反劳动法规的行为，保证生产顺利进行的有效手段。

（二）用法律形式建立国家劳动保护监察制度

国家劳动保护监察，是指法律授权各级政府的劳动行政部门设立的劳动保护监察机构，以国家的名义并运用国家的权力，依法对各类企业、事业单位和国民经济各部门履行劳动保护职责和执行劳动保护法规、政策的情况进行监督、纠正和惩戒。实行国家劳动保护监察制度，是当今世界许多国家强化安全生产管理所普遍采用的方法。通过立法，建立起劳动保护监察制度；而通过监察，则可以保证劳动保护法的贯彻执行，二者缺一不可。由于劳动保护监察享有法律所赋予的强制力，所以这种制度是强化行政执行，保护国家劳动保护法规顺利贯彻实施的重要手段。

（三）用法律形式规范生产中的安全行为

针对某些企业经营者短期行为严重，只顾一时利益，不顾安全生产的倾向，有些领导人存在官僚主义作风，有必要通过立法，用法律的形式强化企业的安全生产措施。从设计、施工、原材料的选择和使用、工艺流程、操作，到产品的包装、运输、贮存等，哪些是安全的，哪些是危险的，哪些是可以做的，哪些是不可以做的，哪些是需要强化安全措施后才能进行的，都要作出法律性规定，强制企业和有关人员执行。同时，法律必须制定罚则，对违反规定的行为和责任者进行必要的处罚。实行这样的强制手段，对企业建立正常的安全生产秩序是有力的推动。

三、劳动法的组成

我国宪法中关于劳动保护的规定，是我国劳动保护立法的依据。目前，我国劳动保护工作的主要法律依据，除了宪法作了纲领性规定外，在刑法、民法和经济法规中作了许多具体规定，最多的是国家各级行政机构制定的行政法规和规章。劳动保护法规主要由以下几部分组成：宪法和现行法律中有关劳动保护的条文；国务院制定和发布的劳动行政法规；国务院各部门制定颁布的劳动保护行政法规实施细则和劳动保护行政规章；各项劳动保护国家标准和行业标准；各省、自治区、直辖市人民代表大会制定的地方性劳动保护法规；各级劳动行政部门制定的规范性文件等。

第四节　工会和工会劳动保护

一、工会的性质

《中华人民共和国工会法》（以下简称《工会法》）第二条第一款规定："工会是职工自愿结合的工人阶级群众组织。"《中国工会章程》总则开宗明义规定："中国工会是中国共产党领导的职工自愿结合的工人阶级群众组织，是党联系职工群众的桥梁和纽带，是国家政权的重要社会支柱，是会员和职工利益的代表。"这就表明，中国工会的本质属性是工人阶级的阶级性、群众性和政治性的有机统一。

（一）工会阶级性的主要特性

工会的成员必须是工人阶级的成员，成员需要秉持为人民服务的劳作理念。工会的成立也反映着工人阶级的利益诉求。工会的奋斗目标也和工人阶级奋斗目标相统一。

工会组织与工人阶级的命运紧密相关，工人阶级的奋斗目标也是工会的奋斗目标。工会作为工人阶级的群众性团体，始终以工人阶级政党的政治纲领为自己的纲领，并代表工人阶级积极参加政治活动，为实现工人阶级政党的政治纲领而奋斗。从实践上看，工会始终与工人阶级政党保持着密切的联系，并以工人阶级政党的纲领和路线作为工会运动的行动指南，为实现工人阶级的历史使命而奋斗。

（二）工会群众性的主要特性

1. 自愿性

自愿性是工会存在和发展的基本前提，是工会积极联系群众的体现，群众无论是加入工会组织，还是参与工会组织的活动，都体现出职工群众的自愿自觉。工会组织要发展壮大，就必须通过代表和维护职工群众的合法权益，吸引广大职工参加到工会中来，工会要以大多数职工的意愿要求作为工会工作的出发点。同时，工会工作的活动方式和手段也主要是对广大职工进行服务、引导和协调。

2. 民主性

工会需要充分表达群众的意愿，通过民主的方式集中群众意见。

只有通过内部广泛而深入的民主建设，职工群众才能切实感受到工会是自己的组织，才能增强工会的吸引力和凝聚力。同时，民主性的特征还决定了工会的主要社会任务之一，就是组织职工群众民主参与管理，使工会成为广大职工群众民主参与的有效组织渠道。

3. 广泛性

《中国工会章程》第一条规定："凡在中国境内的企业、事业单位、机关和其他社会组织中，以工资收入为主要生活来源或者与用人单位建立劳动关系的体力劳动者和脑力劳动者，不分民族、种族、性别、职业、宗教信仰、教育程度，承认工会章程，都可以加入工会为会员。"

在我国，工会作为群众性组织，几乎包括了最广大工人阶级的成员，尤其在我国实现工业化和现代化的社会转型过程中，几亿农业人口逐步向城镇的第二、三产业转移，农民工已经是工人阶级的新成员，成为工会组织的新鲜血液和履行职责的主要对象。

（三）工会政治性的主要特性

1. 自觉接受党的领导，鲜明地体现了我国工会具有高度的政治性

首先，从历史上看，中国工会是在中国共产党的领导下建立和发展起来的，自觉接受党的领导是工会工作的政治原则。这是由工会的特点决定的。中国共产党是工人阶级的先锋队，工会是工人阶级的群众组织。工会是在党的直接领导和帮助下，适应工人运动的发展需要而建立起来的。从诞生之日起，工会就与党有着天然的联系，这一点与欧洲许多国家在工会建立很长时间之后才出现政党是根本不同的，这也是中国工会的政治优势和优良传统。党的领导为工会运动指明了正确的前进方向。其次，从实践上看，中国共产党作为工人阶级政党，必须依靠本阶级群众，工会是党的事业的支持者和实践者。

2. 党的领导是工会做好工作的根本政治保证

加强党的领导是中国特色社会主义道路实践的正确路线，我国工会要想走好中国特色社会主义工会道路，就必须坚持党的领导。作为党的全局工作的一部分，根据党的政策来组织和部署工作内容，才能把工会建设成为职工群众真正信赖的组织。《中国工会章程》总则规定："中国工会坚持自觉接受中国共产党的领导，承担团结引导职工

群众听党话、跟党走的政治责任，巩固和扩大党执政的阶级基础和群众基础。"

（四）工会阶级性、群众性和政治性有机统一

工会的阶级特性、群众特性和政治特性是反映工会本质属性相互依存的有机统一体。工会的群众性以阶级性为限度；工会的阶级性以群众性为基础；工会的群众性以政治性为方向。工会不是一个全民组织，只代表工人的利益，工会的性质限定在工人阶级的范畴内，其成员不仅包括工人阶级中先进的知识分子，还包括大量的非党员群众。工会如果不能团结群众，就失去了群众基础。工会的群众性以政治性为方向，即需要遵守"马列主义"、习近平新时代中国特色社会主义思想，坚持走中国特色社会主义工会发展路线；在组织上，自觉接受党对工会的领导，高度重视工人阶级队伍的团结和工会组织的统一；在工作中，始终围绕和服务于大局，依法独立自主地开展工作，在维护全国人民总体利益的同时，更好地代表和维护职工群众合法权益。

二、工会的地位

工会的地位是指工会在国家政治、经济和社会生活中所处的位置。工会的地位主要通过工会组织同社会各方面的关系得以体现，通过法律得以确认和保障，通过工会发挥的作用得以实现。

（一）工会的政治地位

中国工会是国家政治体制的重要组成部分。工会的政治地位表现在它与党和政府之间的关系，并且与我国人民民主专政的国体相联系。工会作为党联系广大职工群众的桥梁和纽带，是执政党的重要阶级基础；作为国家政权的社会支柱，是人民政府的重要群众基础。

1. 工会是党的阶级基础

工人阶级作为国家的领导阶级，其领导地位是在本阶级的先锋队——中国共产党的领导下得以实现的。党的领导代表了工人阶级的利益、意志、愿望和要求，因此党的领导地位体现了工人阶级的领导地位。党的领导离不开工人阶级的社会阶级基础，而工会则是工人阶级社会阶级基础最为广泛的组织形式。

2. 工会是国家政权组织的群众基础

社会主义国家民主政治的特点，最基本和最突出的就是广大的劳动者享有最广泛的民主权利。但是，国家政权组织不能由全体工人阶级成员及群众性组织实行直接管理，而只能通过工人阶级中具有先进思想和专门管理才能的成员作为代表行使管理职

能。同时，国家政权组织对经济社会管理职能的履行，必须依靠最广大职工群众及工会的支持。

（二）工会的经济地位

工会的经济地位是指工会在社会经济关系中所处的具体位置，其是通过工会对劳动关系产生的影响和作用体现出来的。社会主义市场经济模式下，工会的经济地位体现在两方面：一方面，工会有能力组织广大的群众参与到经济建设当中去，并且可以通过开展富有社会特色的和丰富多彩的经济技术创新活动，有效调动和激发广大职工的劳动积极性。另一方面，工会的经济地位还体现在劳动关系领域，是劳动关系的协调和劳动者权益的维护者。劳动关系的协调是保证市场关系持续健康发展的客观要求。

（三）工会的法律地位

工会的法律地位是工会地位在法律上的体现。在我国法律制度中，工会的法律地位集中体现在工会的权利和法定义务，以及工会的法人资格等方面。

1. 工会的五项权利

（1）代表权。工会的代表权是指工会有代表职工权益的权利。我国《工会法》《中华人民共和国劳动法》（以下简称《劳动法》）均对工会的代表权作了明确规定。《工会法》第二条第二款规定："中华全国总工会及其各工会组织代表职工的利益，依法维护职工的合法权益。"《劳动法》第七条第二款规定："工会代表和维护劳动者的合法权益，依法独立自主地开展活动。"

（2）维护权。工会的维护权是指工会依法享有维护职工合法权益的权利，它是工会的一项重要权利。《工会法》第六条第一款规定："维护职工合法权益是工会的基本职责。"《中国工会章程》总则规定："中国工会的基本职责是维护职工合法权益、竭诚服务职工群众。"

（3）参与权。工会的参与权是指工会享有代表工人阶级和工会成员参与国家事务管理、社会事务管理的权利。

（4）协商谈判权。工会的协商谈判权是指工会享有代表职工一方和用人单位可以就薪水报酬、工作时间、工作环境、休假福利、安全卫生等事项进行协商谈判和签订合同的权利。

（5）监督权。工会享有对国家机关事业单位在执行劳动法律和相关政策方面进行监督的权利。我国法律确保工会具有监督权，没有监督权，工会的其他权利也难以保证。

2. 体现工会法律地位的三项义务

（1）维护国家政权，支持协助企事业单位工作。维护社会主义国家政权，支持协助人民政府和用人单位开展工作，是社会主义国家工会的特有义务。这是由工会与社会主义国家、用人单位在根本利益上的一致性决定的。

（2）动员和组织职工参加社会主义经济建设。社会主义经济建设不仅是政府及企事业单位行政的任务，同样也是工会应当履行的义务。工会参加社会主义经济建设的方式，不是直接组织指挥生产经营，而是通过引导的方式吸引和组织广大职工参加经济建设，通过开展建功立业、劳动竞赛和实施经济技术创新工程等活动，调动职工的积极性，提高职工的文化和业务素质，促进社会生产力的发展。

（3）教育职工，提高职工素质。教育职工，提高职工素质，是我国工会的一项重要义务。特别是在大力发展科学技术的今天，造就一支有理想、有道德、有文化、有纪律的职工队伍，更具有战略意义。

三、工会的职能

明确中国工会的职能，是把握工会在党和国家工作大局中的定位，更好地发挥工会作用的前提。现阶段，我国工会职能主要体现为维护、建设、参与、教育四个方面。

（一）维护职能

《工会法》第二条第二款明确规定："中华全国总工会及其各工会组织代表职工的利益，依法维护职工的合法权益。"第六条第一款规定："维护职工合法权益是工会的基本职责。工会在维护全国人民总体利益的同时，代表和维护职工的合法权益。"《中国工会章程》总则规定："中国工会的基本职责是维护职工合法权益、竭诚服务职工群众。"工会的维护职能是工会产生、存在和发展的一项基本职能，工会的其他社会职能都是以此为前提而衍生、变化和发展的。

在具体的实践中，工会必须执行好维护功能，才能让工会对群众的工作具有吸引力和号召力，才能深入到群众中去，组织好群众对社会事业进行积极参与。

（二）建设职能

《中国工会章程》总则规定，工会动员和组织职工积极参加建设和改革，努力促进经济、政治、文化、社会和生态文明建设。在社会主义经济建设和改革时期，发展经济、推进改革、提高效益、增强企业活力，既是工人阶级的伟大使命，也是实现职工群众切身利益和长远利益的可靠基础。为此，建设职能就成为工会的一项重要社会职能。工会履行建设职能是通过广泛开展富有特色和不断创新发展的职工群众性经济技术创新活动实现的，如劳动和技能竞赛、劳动模范评比选举、职工技术协作、技术革新与技术比武、合理化建议、班组建设、节能减排活动、"工人先锋号""大国工匠"等特色鲜明的活动。实践表明，随着我国经济社会的发展和全面进步，工会履行建设职能的领域日益宽广，社会影响力日益彰显。

（三）参与职能

工会的参与职能是指工会代表和组织职工民主参与国家、社会事务以及企事业单位管理的职能。党的十九大报告指出："我国社会主义民主是维护人民根本利益的最广泛、最真实、最管用的民主。发展社会主义民主政治就是要体现人民意志、保障人民权益、激发人民创造活力，用制度体系保证人民当家作主。"工会参与民主管理，实质上体现了广大职工群众当家作主的民主政治权利。工会可以通过参与立法和政策的制定，与同级政府召开联席（联系）会议、参加协调劳动关系三方会议、加强企业职工民主管理、畅通信息反馈渠道等多种途径和形式，实现参与国家、社会事务以及企事业单位民主管理。通过工会参与国家、社会事务以及企事业单位民主管理，一是可以使维护职工群众具体利益的基本主张通过民主渠道体现于国家的政策、法律和各项决策之中，二是可以使广大职工群众在社会主义经济建设中增强主人翁责任感，从制度上保障职工群众的精神文化权益。

（四）教育职能

工会对提高劳动者素质，培养先进劳动者，提高劳动者科学文化知识有着不可推卸的责任和义务。在思想政治素质和职业道德教育方面，工会要把学习宣传贯彻习近平新时代中国特色社会主义思想作为重大政治任务，在职工群众中着力开展爱国主义、集体主义、社会主义民主与法治以及独立自主、艰苦奋斗的教育，开展中国特色社会主义核心价值观教育。同时要将工人阶级的伟大品格融入工会教育中，大力弘扬劳动精神、工匠精神和劳模精神。促进职工自主学习、岗位成才、创新立业。工会履行教育职能，要求工会自身首先要成为学习型组织。只有以此为基础，工会才能适应时代发展的新要求，在推进职工队伍素质工程建设中有所作为。

四、工会劳动保护

劳动保护，是指为了保障劳动者在生产劳动过程中的安全与健康，从法律、制度、组织管理、教育培训、技术、设备等方面采取的一系列综合措施的总称。在政府部门和企业，多把它称为安全生产；在科研、高校领域则把它称为劳动安全卫生。

从劳动法学的意义而言，劳动保护具有广义和狭义两种解释。广义的劳动保护，是指有关劳动保护的全部法律、法规，包括劳动合同、劳动报酬、统筹保险及福利保障、安全与卫生、人员的录用及调动和辞退、民主管理等，涉及劳动者的各项政治、经济权利。狭义的劳动保护，专指建立在劳动保护政策及法规基础上，旨在改善劳动条件、预防和减少伤亡事故和职业病所采取的系列综合措施。我国的劳动立法一般采用狭义的劳动保护概念。

劳动保护涉及范围很广，它涵盖社会科学范畴的政治、法律、经济等学科的有关劳动保护方针政策、规章制度、思想教育和组织管理等内容，同时还涵盖自然科学范畴中多学科有关改善劳动条件、减轻劳动强度、消除危险因素和致病因素等方面的内容。

劳动保护工作具有综合性。因为劳动保护工作涉及法律、法规、组织管理、规章制度、教育培训、生产工艺、技术设备等多个方面，只有采取综合措施，才能达到有效保护劳动者在生产劳动过程中的生命安全和身体健康的目的。

工会劳动保护，是指工会依据法律赋予工会的职权，监督企业和有关方面贯彻国家有关劳动安全卫生的法律、法规，发动职工群众参与企业安全生产工作，督促企业不断改善劳动条件，维护职工在生产劳动过程中的安全与健康的合法权益。

第五节 大学生的自我劳动保护

作为初入社会的群体，大学生的社会经验不足，同时对事物充满新鲜感与好奇心，这就很容易被不法分子利用，大学生需要格外注重对自我劳动的保护，避免危害自身安全。以下是几种常见的骗局和陷阱。

一、谨防加盟费骗局

2019年9月上旬，重庆市北碚区北泉派出所接到西南大学大三学生熊某报案。熊某在学校食堂门口遇到一男子，对方自称是某国际知名日用品公司的销售人员，如今受公司委托在高校发展代理，问小熊是否愿意加入他们的销售团队。该男子承诺，只要交了押金，把货卖出去，每月就能拿到近1 000元的固定工资，还可以按照销售量获得提成。该男子还承诺，如果洗发水没卖完，每月15号直接打电话给他，销售人员会及时前来退货退款。对方甚至承诺，该公司会在学校不定期进行产品宣传活动，以便给加盟的同学免费推销。

由于"加盟条件"优越，工作同时还能锻炼口才、积累社会经验，熊某便答应了，并取出银行卡内的生活费3 000多元，作为首期加盟费。熊某向其同学介绍推销这批洗发水后，很多购买使用过的同学认为产品质量太差，纷纷要求退货。熊某感觉上当受骗，当他再次拨打销售人员的手机时，对方手机不是显示不在服务区就是关机，无法再联系上。

面对推销者各种天花乱坠的"许诺"，一定要擦亮眼睛，保持清醒的头脑。购进货物时，一定要认真查看能证明对方商品质量的各类凭证。

一些不良商家经常打着收取品牌加盟费的旗号来捞取加盟者的资金。这些加盟品牌乍一看很不错，但后续货品却存在着各种各样的问题，最终的吃亏者总是社会经验不足的学生。

要防止被骗取兼职加盟费，一是不要被商家的花言巧语所迷惑，要学会透过复杂的表面现象看清事物的本质；二是要遵守法律法规，远离不符合市场规则要求，无质量保障的产品和厂商。

二、谨防收费培训陷阱

李某通过了某公司的面试，该公司要求李某先交 3 000 元参加公司组织的培训与考试，待李某缴费后，该公司发给她一些培训资料和光盘，但培训和考试内容与该公司的工作毫无联系。更令人气愤的是，培训结束后，该公司所承诺的工作就没了下文。半个月后，该公司以李某考试不合格为由将其打发掉，并拒绝退还培训费。

《中华人民共和国劳动法》第六十八条规定：用人单位应当建立职业培训制度，按照国家规定提取和使用职业培训经费，根据本单位实际，有计划地对劳动者进行职业培训。从事技术工种的劳动者，上岗前必须经过培训。用人单位对劳动者进行培训是法律规定的义务，收取劳动者培训费违法。

如果企业收取的是培训费，按相关法律要求，专项培训费用由企业承担，但双方可以约定服务期，如果劳动者单方面违反了服务期的约定，用人单位就有权通过要求劳动者支付违约金的方式来挽回培训费用的损失。部分企业为了留住职工，会通过各种职业培训方式与职工签订服务期协议，约定高额的违约金，让职工不敢辞职、不能辞职，这是很明显的违法行为。大学生要掌握必要的法律知识，分清哪些是企业的合法行为、哪些是违法行为；一旦遭遇企业违规收取培训费，要及时依法维护自己的合法权益。

三、谨防"公关"陷阱

某高校二年级学生何某，在街道的电线杆上看到一则招聘男女公关的广告，广告上声称男公关月薪在万元以上。他觉得自己长相比较帅气，不禁动了心，认为赚钱的机会来了，就抱着试一试的心理，按广告上提供的手机号码打了过去。对方自称是某某酒店的人事部经理，让何某到酒店的大堂面试。

何某赶到约好的地点，并没见到该"人事部经理"。几分钟后，何某接到对方电话称已见过何某，说：“你完全够格，刚才已见过你了。”接着嘱咐何某交350元的服装押金及850元培训费，把钱存入指定的某银行账户，届时会安排工作人员“指导”何某的公关技巧，培训合格后再上岗。何某幻想一夜暴富之心高涨。此后，何某多次与对方联系，却再也无法联系上对方。此时何某才如梦初醒，知道自己上当受骗了。

“公关”陷阱的实质与危害。“公关”陷阱既是一种街头诈骗行为，又融合了电信诈骗的手段，很难找到其真正的发布者。这种行为的社会危害非常大，又较难治理。其特点一是隐蔽，二是事情发生后被害人的权益很难被维护。为免落入“公关”陷阱，一要自觉加强道德修养，远离各种低级趣味，保持健康向上的心理状态；二要认真学习法律知识，自觉遵守法律法规；三是不轻信、不盲信。

四、谨防“笔试”陷阱

2021年，王某通过某航空公司乘务员招聘面试后，看到招聘网有机构宣称，预付500元即可“笔试保过”，未通过可以退还500元款项，通过后需要再支付机构1.7万元。因担心无法通过笔试，王某随即将500元转入对方指定账户。付款后，她立即感到自己被骗，因此便自认倒霉，再也未和中介机构联系。此后，王某顺利通过笔试，参加了航空公司乘务员培训。培训期间，她发现自己经常被机构人员跟踪，并索要钱财，甚至遭到威胁。由于王某安全意识较强，及时察觉，发现被跟踪后及时向公司报告，所幸没有造成严重后果。

各种所谓的“高通过率”，其实是一个简单的概率问题：一个培训班只要达到一定人数，即使你不进行培训，都会有一定比例的考生被录取。培训机构之所以敢承诺通不过考试就全额退款，是因为从概率角度来说，他们做了一笔赚钱概率大的买卖，即使给没有通过考试的考生退款，也是有的赚的。如果遇到不诚信的培训机构，不仅不给退款，还会引出许多纠纷。

各类笔试陷阱都是违法的。培训机构的夸大或虚假宣传，情节轻微的属于民事欺诈行为，情节严重的则属于刑法意义上的诈骗行为。各类任职选拔考试主要考查的是考生的基本能力和基本素质，这种能力和素质主要靠日常的学习和积累，不要盲目地把希望寄托在各种培训班上，不该对所谓的“保过班”抱任何幻想。

五、谨防“套路贷”陷阱

2017年3月，大学生王某因个人交际需要，违规贷款5 000元，该笔金额由王某通过同学介绍，找到哈尔滨聚恒力投资有限公司杨某寻求贷款。

一周后，由于王某未能偿还这5 000元贷款。在恐吓之下，杨某便让王某找张某再贷款，偿还此前的5 000元贷款。一个月后，贷款连本带息变成了27 000元，由于王某无力偿还，又通过张某介绍，找到哈尔滨金阳汽车租赁公司贷款，其中的13 000

元以辛苦费、中介费、贷款保证金为由被扣除。就这样，因为欠的钱越来越多，2017年8月王某被张某逼迫到夜总会工作，以偿还贷款。直到2017年12月王某向警方报案，她已经陆续偿还给张某本金和利息15余万元，但仍然没有还清欠款。最后警方将违法犯罪人员全部抓获，等待他们的将会是法律的制裁。

大学生尚处于求学阶段，没有固定收入，不要轻易签下超出自己还款能力的债务协议。如遭到黑恶势力威胁，应及时寻求警方和法律的帮助。

套路贷表面看似正常的民间借贷，有借款合同、抵押、银行流水，但其实质是通过使用"套路"，诱使或迫使被害人签订"借贷"或变相"借贷""抵押""担保"等相关协议，进而通过虚增借贷金额、恶意制造违约、隐匿还款事实、肆意认定违约等方式形成虚假债权债务，非法讨债催收，侵吞他人财产。受害、受影响的很可能是整个家庭的几代人，社会危害极大。

大学生虽然在生理和法律上已经属于成年人，但他们中的大多数人心理上远未成熟，缺乏理财观、虚荣、自控能力差，当套路贷这种金融新事物出现后，这些大学生心理不成熟的弱点就被无限放大，并导致严重的后果。大学生在学校里不但要学专业，更要学做人，利用大学的宝贵时间建立健康的"三观"，控制不良情绪及欲望，建立起文明、理性、科学的消费观，拒绝过度消费、超前消费。

六、谨防黑中介乱收中介费和押金

2019年7月10日，放暑假的高职学生小丁通过广告介绍，从某劳务公司承接了一份每天200元的贴"牛皮癣"广告工作，并按要求交纳了1 000元押金。凌晨4时，小丁提着一个约5千克重的糨糊桶，背着厚厚的广告单，开始工作。可不到1个小时就被巡查的联防队员制止，告诫他不要在公共设施上贴广告，贴广告属于违反市容管理条例的行为，并将他的所有工具没收。两手空空的小丁只好找劳务公司的工作人员求助，但被告知他已被辞退，而且押金不能退还。小丁向市场管理部门求助，才了解到这家公司原来是一家被取缔的黑中介。

黑中介骗取中介费和押金的几种表现：收取求职者各种形式的报名费、培训费、押金等费用。这些都属于违法行为。求职者应提高警惕，坚决拒绝交纳这些费用。

应避免被黑中介骗取中介费和押金，大学生一旦上当受骗，可向当地劳动保障监察部门求助或向公安机关报警，寻求法律保护。

七、确保大学生实习安全

2019年3月，青岛某建筑公司承包了某医药企业一个改造工程项目。施工中，在该公司实习的大学生王某在拆除线路时被高处坠落的水泥块砸伤。经医生诊断，王某右腓骨近端骨折，内侧缘见骨片分离，右腿小腿骨折，鼻梁骨骨折，虽无生命危险，但已构成重伤，需长期卧床治疗。黄岛区安监执法局监察大队接到报案后，立即对施工单位进行了调查。调查之初，涉事单位负责人百般推卸责任，同时拒绝提供工人安全作业培训档案。当执法人员将收集的资料一一列出时，企业负责人在铁证面前终于承认，王某是通过熟人介绍招来的，为赶工期，没有进行任何安全教育就上岗了，最终发生了事故。黄岛区安监执法局当即对未进行员工岗前培训导致发生安全事故的青岛某建筑公司做出行政处罚决定，责令其限期改正违规行为，并罚款人民币15 000 元。

单位未履行或不认真履行对实习学生进行的上岗前安全培训，会带来十分严重的后果。上岗前接受安全培训是实习生所享有的基本权利，国家和单位必须切实予以保障。

延伸阅读

国际劳动节又称"五一国际劳动节""国际示威游行日"，是世界上八十多个国家的全国性节日，定在每年的 5 月 1 日。它是全世界劳动人民共同拥有的节日。1889 年 7 月，由恩格斯领导的第二国际在巴黎举行代表大会。会议通过决议，规定 1890 年 5 月 1 日国际劳动者举行游行，并决定把 5 月 1 日这一天定为国际劳动节。中央人民政府政务院于 1949 年 12 月作出决定，将 5 月 1 日确定为劳动节。1989 年后，国务院基本上每 5 年表彰一次全国劳动模范和先进工作者，每次表彰 3000 人左右。

思考题

结合所学知识，谈谈大学生在实习、就业中应该如何自我保护。

实践活动

作为新时代的一名大学生，你对劳动教育课程的开展有何建议？请认真阅读中共中央、国务院《关于全面加强新时代大中小学劳动教育的意见》，利用互联网进行辅助，写一份意见报告（不少于 800 字）。

[过程记录]

报告的关键点：

我的写作思路：

我的观点：

参考文献

[1] 程凤山，韩安令，王世昌，等 . 劳动教育 [M]. 大连：大连理工大学出版社，1993.

[2] 周德琮，许宝忠，刘书善，等 . 劳动教育 [M]. 徐州：中国矿业大学出版社，1997.

[3] 朱忠义 . 劳动教育与实践 [M]. 北京：北京理工大学出版社，2020.

[4] 郭明义，巨晓林，高凤林 . 劳动教育箴言 [M]. 北京：中国工人出版社，2020.

[5] 龚立新 . 新时代大学劳动教育 [M]. 北京：中国言实出版社，2021.

[6] 王卫旗，王秋宏，刘建华 . 大学生劳动教育教程 [M]. 北京：北京理工大学出版社，2021.

[7] 庄铭星 . 福建中职劳动教育教程 [M]. 福州：福建科学技术出版社，2021.

[8] 袁国，徐颖，张功 . 新时代劳动教育教程 [M]. 北京：航空工业出版社，2020.

[9] 黄春荣 . 中职学生劳动教育与实践 [M]. 成都：电子科技大学出版社，2020.

[10] 潘维琴，王忠诚 . 劳动教育与实践 [M]. 北京：机械工业出版社，2021.

[11] 邵文祥 . 新时代大学生劳动教育教程 [M]. 成都：电子科技大学出版社，2020.

[12] 新时代大学生劳动教育教程编写组 . 新时代大学生劳动教育教程 [M]. 广州：华南理工大学出版社，2020.

[13] 周浩波，李雪铭 . 普通高等学校劳动教育教程 [M]. 大连：辽宁师范大学出版社，2020.

[14] 刘丽红 . 劳动教育实践教材 [M]. 北京：华文出版社，2020.

[15] 李锦鹏 . 劳动教育：高二年级（下）[M]. 北京：北京理工大学出版社，2021.

[16] 李锦鹏 . 劳动教育：高一年级（下）[M]. 北京：北京理工大学出版社，2021.

[17] 许媚 . 新时代劳动教育读本 [M]. 成都：电子科技大学出版社，2020.

[18] 刘松林，霍江华，王瑞兰 . 新时代高校劳动教育理论与实践教程 [M]. 长春：东北师范大学出版社，2020.

[19] 新时代大学生劳动教育教程：高职版 [M]. 广州：华南理工大学出版社，2020.

[20] 李井飞 . 习近平关于劳动教育重要论述研究 [D]. 呼和浩特：内蒙古师范大学，2022.

[21] 熊磊 . 高校开展劳动教育的现状及对策研究 [D]. 贵阳：贵州财经大学，2022.

[22] 董阳.新时代高校实现劳动教育的树德价值研究 [D].延安：延安大学，2022.

[23] 肖凯悦.新时代高校劳动教育的现状与对策研究 [D].青岛：青岛科技大学，2022.

[24] 王春芬.高校思想政治工作体系视野下的劳动教育：问题与对策研究 [D].贵阳：贵州师范大学，2022.

[25] 钟小连.新时代高校劳动教育课程建设研究 [D].南宁：广西民族大学，2022.

[26] 朱臣臣.新时代高校劳动教育方式创新研究 [D].郑州：中原工学院，2022.

[27] 赵业程.新时代高校劳动教育研究 [D].吉林：吉林大学，2022.

[28] 李栓栓.高校思想政治教育视域下大学生劳动精神培育研究 [D].成都：电子科技大学，2022.

[29] 杨柯柯.马克思主义劳动观视域下新时代高校劳动教育研究 [D].石家庄：河北科技大学，2021.

[30] 康鑫.新时代财经高校劳动教育研究 [D].成都：西南财经大学，2021.

[31] 梁启玲.高校劳动教育研究 [D].成都：西南财经大学，2021.

[32] 李彤.高校大学生劳动教育研究 [D].保定：河北大学，2021.

[33] 米楠.高校思想政治教育视域下劳动教育存在问题及对策研究 [D].大连：辽宁师范大学，2021.

[34] 李孟.新时代高校劳动教育校内支持体系建设研究 [D].重庆：西南大学，2021.

[35] 杨丹.新时代高校劳动教育实践的问题与对策研究 [D].广州：华南理工大学，2020.

[36] 尹学华.新时代高校劳动教育研究 [D].临汾：山西师范大学，2020.

[37] 姜苗.劳动教育融入高校思想政治教育研究 [D].武汉：武汉理工大学，2020.

[38] 梁琴琴.新时代高校劳动教育研究 [D].南充：西华师范大学，2020.

[39] 郭莹.高校劳动教育与管理研究 [D].南充：广西大学，2018.

[40] 王文睿.论高校劳动教育与体育教育的融合 [J].泰山学院学报，2022，44（4）：124—128.

[41] 陈凤.新时代民办高校思想政治教学与劳动教育融合探索 [J].教育教学论坛，2022（29）：13—16.

[42] 卢玉亮，曹宁.自媒体视域下高校劳动教育的机遇、挑战与应对 [J].传播与版权，2022（8）：115—117，121.

[43] 陆敏.新时代高校劳动教育的现状与实施着力点 [J].辽宁农业职业技术学院学报，2022，24（4）：23—25，64.

[44] 吴贵春 . 论新时代高校劳动教育的三个维度 [J]. 蚌埠学院学报，2022，11（4）：5—7，27.

[45] 汤素娥，杨荣栋 . 高校劳动教育课程化的价值、困境与路径 [J]. 武陵学刊，2022，47（4）：135—139.

[46] 马其南，陈吉庆 . 新时代我国高校劳动教育的守正创新 [J]. 现代教育管理，2022（7）：27—34.

[47] 宋雪晴 . 高校主体性劳动教育的价值意蕴和路径探析 [J]. 继续教育研究，2022（8）：95—100.

[48] 张淼 . 财经类高校加强大学生劳动教育的新思考 [J]. 教育教学论坛，2022（26）：173—176.

[49] 方政，傅文茹 . 当前我国高校劳动教育偏差与守正 [J]. 绍兴文理学院学报（教育版），2022，42（1）：30—36，2.

[50] 王春霞 . 高校劳动教育体系构建与实践应用 [J]. 高教学刊，2022，8（18）：37—40.

[51] 程杰 . 新时代高校劳动教育与学生社区管理的深度融合 [J]. 科教文汇，2022（13）：51—53.

[52] 储佳佳，谢卫军 . 加强新时代高校劳动教育落实"立德树人"根本任务 [J]. 公关世界，2022（12）：124—125.

[53] 吴辉剑 . 新时代劳动教育实施体系构建探析——评《新时代高校劳动教育论纲》[J]. 中国高校科技，2022（6）：103.

[54] 陈国秀 . 建构主义理论视角下提升高校劳动教育实效性的路径探究 [J]. 思想教育研究，2022（6）：153—156.